BRD Noir

Fröhliche Wissenschaft 087

Philipp Felsch, Frank Witzel

# BRD Noir

Matthes & Seitz Berlin

## Inhalt

*Philipp Felsch*

## Die schwarze Romantik der Bundesrepublik

»Novembers in Germany remind you of the sadness and despair of a fallen woman.«
Robert O'Connor, *Buffalo Soldiers*

Die alte Bundesrepublik? Das war doch das Land, in dem die Achtundsechziger mehr Demokratie wagen wollten, bevor ihren Kindern beim Playmobilspielen der Glaube an eine bessere Zukunft verloren ging. Vollbeschäftigung und Voltigieren, soziale Marktwirtschaft und *Wetten, dass..?*. Wenn es stimmt, dass sich jede Zeit in der Mythologie ihrer jüngeren Vergangenheit bespiegelt, dann reflektierte sich die Berliner in der Harmlosigkeit der Bonner Republik. Politisch unpolitisch und ästhetisch unergiebig: Wer von der neuen Hauptstadt aus die alten Bundesländer bereiste, wurde den Eindruck nicht los, in eine von der Geschichte abgehängte Provinz zu kommen. Im Gegensatz zu den östlichen Landesteilen hatten die Fußgängerzonen und sonstigen Bausünden der Siebziger- und Achtzigerjahre nicht einmal Ruinenromantik zu bieten, sondern waren einfach nur hässlich. »Ein gnadenloser Tritt in meine Eier«, wie Rainald Goetz anlässlich eines

Besuchs in Marbach am Neckar im fernen 1983 schrieb. Selbst Ostdeutsche, sofern sie in den Westen fuhren, beschlich ein Gefühl fader Vertrautheit, nachdem die Euphorie der neu gewonnenen Freiheit verflogen war; die Produktpaletten waren ja dieselben geworden. Und verfassungsrechtlich wie volkswirtschaftlich befand man sich nach wie vor in diesem Staat. Das Monopol auf Nostalgie und Aufarbeitung, ja auf Historizität hatte nach der Wende die DDR inne, in der vieles anders und nicht alles schlechter als im wiedervereinigten Deutschland gewesen war.

Es wäre interessant, die Etappen nachzuzeichnen, in denen sich die Historisierung der BRD vollzogen hat. Eine wichtige Zäsur war die Sozialstaatsreform der Jahrtausendwende: Erst im Licht von Hartz IV nahm auch die Alltäglichkeit des alten Westens nostalgische Züge an. Im Gegensatz zur krisenhaften globalen Ökonomie repräsentierte sie einen »rheinischen« Kapitalismus, der noch solidarisch funktionierte und den erwirtschafteten Reichtum allen zugutekommen ließ. Die Historiker attestierten der Bundesrepublik, eine »geglückte Demokratie« gewesen und mit den Jahren »im Westen« angekommen zu sein. Es spricht viel dafür, dass dieser Prozess am Ende des Jahrhunderts die Biedermeier-Mentalität der Generation Golf nach sich zog. Doch galt dies nur als ein weiteres Indiz dafür, dass kein ideologischer Weltbürgerkrieg mehr zu befürchten war. Keine schlechte Bilanz für einen Staat, der auf den Trümmern des Dritten Reiches gegründet worden war. Als kollektive Mythen wurden seine politischen Schlüsselmomente von Bern über Lengede bis Mogadischu im öffentlich-rechtlichen Fernsehen verfilmt.

Die Bestandsaufnahme ihrer zivilisatorischen Errungenschaften scheint bis auf Weiteres abgeschlossen. Jetzt folgt die schwarze Romantik der Bundesrepublik. In letzter Zeit wird sie ästhetisiert, verfremdet und verzaubert, wobei die älteren Narrative keineswegs als wirklicher oder wahrer zu gelten haben. Doch anders als der Ostalgie in ihren verschiedenen Spielarten liegt diesen Reminiszenzen das Idyllische vollkommen fern. Hinter dem Gewöhnlichen spüren sie das Bizarre, hinter dem Alltag den Abgrund und in der Provinz das Unheil auf. Ihr gemeinsamer Nenner ist die Optik des BRD Noir. Ein Kulturwissenschaftler untersucht die Kachelfassaden der Kölner Nachkriegsarchitektur und denkt über die Obsession der Abwaschbarkeit nach. Ein Fotograf bildet die Hinterlassenschaften eines Paderborner Witwers in grellem Blitzlicht ab und entdeckt in der Begegnung von Flaschenöffner und Fernbedienung auf einer marmornen Couchtischplatte die geheime Essenz der BRD. Ein viel diskutierter Autor rekonstruiert den Fall eines Hamburger Prostituiertenmörders aus den Siebzigerjahren und verfolgt, wie sein Protagonist bei über vier Promille in einen heillosen Blutrausch geriet. Ein mit dem Deutschen Buchpreis ausgezeichneter Autor schildert ein katholisches Milieu in Wiesbaden, dessen Archaik eher an Süditalien als an Westdeutschland denken lässt. In solchen Darstellungen artikuliert sich ein neues Interesse, das ebenso historisch wie ästhetisch ist. Gut möglich, dass es mehr über unsere Gegenwart als über die real existierende Bundesrepublik verrät. Vielleicht handelt es sich nur um eine Etappe der geschichtlichen Distanzierung. Vielleicht stellt die alte BRD in diesen Tagen aber auch eine besondere Projektionsfläche dar.

Vor Kurzem war die größte Tennisanlage der alten Republik in Keferloh bei München in einer Fotoreportage zu sehen. Die siebzig Plätze, gegen Ende der Achtzigerjahre auf dem Höhepunkt des Becker-Booms gebaut und in ihren besseren Tagen eines Eintrags im *Guinness Buch der Rekorde* würdig, sind heute halb verfallen und mit moosigen Plastikplanen abgedeckt. Ich habe den Eindruck, auf diese Art schauen wir im Moment gern auf die gesamte BRD zurück. Unter den Tulpen, die ihre gepflegten Vorgärten zierten, suchen wir nach dem Gekrabbel der Insekten. Wenn man genau hinschaut, findet man vielleicht sogar ein Ohr im Gras. Nicht nur der Motivschatz, sondern auch das Personal wird einer neuen Bewertung unterzogen. Auf der Suche nach dem öffentlich-rechtlichen Gesicht der Epoche tendieren wir nicht mehr zu dem biederen Frank Elstner, sondern zu dem unheimlichen Eduard Zimmermann.

Niemand, der ihn aus seiner Kindheit kennt, wird seine nasale Stimme je vergessen. Doch wer weiß schon, dass er in der JVA Fuhlsbüttel und später sogar vier Jahre in Bautzen saß? 1929 als uneheliches Kind einer bayrischen Serviertochter geboren, war er genau wie Habermas oder Enzensberger ein Angehöriger der Flakhelfergeneration, die die Bundesrepublik in ihrem nüchternen Geist gegründet hat – denn wer wollte bestreiten, dass *Aktenzeichen XY … ungelöst* ebenso wie die Diskursethik oder das *Kursbuch* zu deren kultureller Physiognomie gehört? Doch während der *Tatort* Sonntag für Sonntag sozialliberale Aufklärungsarbeit leistete und den Rechtsstaat und die Vernunft auf ihre vorhersehbare Weise triumphieren ließ, machte Zimmermann seine Zuschauer in seiner Sendung mit der beunruhigenden Tatsache vertraut, dass das Wirtschaftswunderland Bundesrepublik zugleich auch ein El Dorado für Verbrecher war: »Aus Nord- und Südamerika, aus Marokko und fast allen europäischen Ländern eilen sie in Scharen herbei, um auf ihre Art am bundesrepublikanischen Wohlstand teilzuhaben.« Die BRD war schon immer ein Einwanderungsland. Dass das Böse auch von innen kommen könne, diese Erkenntnis wurde hier noch geflissentlich abgewehrt.

Einsamer Detektiv stößt auf die Spur eines schmutzigen Verbrechens und wird in dessen Aufklärung verwickelt, die vordergründig die Identität eines Täters, aber eigentlich die moralische Korrumpiertheit der Gesellschaft offenbart. Mit dem französischen Filmkritiker Nino Frank bezeichnen wir Filme, die dieses oder ein ähnliches Strickmuster aufweisen, als »noir«, stellt sich der amerikanische Traum in ihnen doch als Alptraum dar. Das Genre datiert ins Hollywood der Dreißiger- und Vierzigerjahre, als nach dem Boom Südkaliforniens die Wirtschaftskrise das grenzenlose Wachstum als Illusion entlarvte und Angehörige der depravierten Mittelklasse zusammen mit expressionistisch geschulten Immigranten die Ausdrucksmittel erfanden, um das primordiale Unrecht des Kapitalismus im Allgemeinen und der Gründung von Los Angeles im Besonderen darzustellen – so wie vielleicht später am deutlichsten in *Chinatown* von Robert Towne und Roman Polanski, in dem es um die Spekulation mit Land und Wasser zur Zeit des Stadtvaters William Mulholland geht. Der Film gehört bereits in die Phase des Neo-Noir der Siebzigerjahre, als das Genre wieder auflebte und einige seiner besten Exemplare entstanden sind.

Eigentlich liegt es nahe, diese Erzählperspektive auf die alte Bundesrepublik zu übertragen, deren Geschichte alle Zutaten bietet, die dafür erforderlich sind: ein ursprüngliches Verbrechen, in das nicht nur wenige, sondern alle verwickelt sind, ein Klima der Verdrängung sowie ein Wirtschaftswunder, dessen Abebben in den Siebzigerjahren einen schmerzhaften Kater hinterlässt. Es ist kein Geheimnis, dass die Bundesrepublik von ihrer Vergangenheit heimgesucht wurde. Davon zeugen ihre Protestbewegungen, und dafür bieten ihre Historiker und Zeitdiagnostiker Begriffe wie »Latenz« oder »kommunikatives Beschweigen« an. Doch historische Erkenntnis und politische Aufarbeitung sind das eine.

Im BRD Noir bringen sie eine spezifische literarische Sensibilität hervor.

Frank Witzels Roman *Die Erfindung der Roten Armee Fraktion durch einen manisch-depressiven Teenager im Sommer 1969* ist keine Detektivstory. Der Autor hat einen verhaltensauffälligen Dreizehnjährigen gewählt, um eine Bundesrepublik zu schildern, die so kaputt wie Österreich und mindestens so abgründig wie Kalifornien ist. Sein Erzähler schüttelt Wahn und Wirklichkeit durcheinander und malt ein kaleidoskopisches Sittenbild, das von den verstörten Erwachsenen über die abweisenden Mädchen bis zu den vergötterten Beatles reicht. Doch seine Lieblingsband kam nur bis München und trat dort im Circus Krone auf. Nach Wiesbaden-Biebrich gelangen die Sixties dagegen nur als fernes Echo. Daher sind seine Tagträume nicht in Flower-Power-Farben, sondern in Schwarz- und Grautönen gehalten; sie schrauben die kleinstädtische Tristesse zu drastischen Fantasien hoch. Witzels hessische Provinz, über der ein gelber Himmel hängt, wimmelt von Vergewaltigern, Mördern und Entführern. Ihr Katholizismus ist kaum weniger nekrophil als in Neapel ausgeprägt. Zwischen repressiven Erziehungsberechtigten, alten Nazis und angehenden Terroristen sucht man verzweifelt nach irgendeiner Form von Normalität – nur um ernüchtert auf die Leitfrucht des Romans, auf die Futterrübe, im Hessischen »Dickwurz«, zu stoßen, die mit ihrem fahlen Weiß und ihren fauligen Runzeln spätestens nach ein paar Tagen im Wasser wie ein vom Rumpf abgetrennter Kinderkopf aussieht.

Auf welche Vorbilder kann sich eine solche Erzählweise stützen? Ich glaube, BRD Noir ist nicht nur im Rückblick auf den alten Westen möglich, sondern hat eine autochthone bundesrepublikanische Tradition. Als früher Fall fallen einem zum Beispiel die *Minima Moralia* von Adorno ein. Die Welt, die der Autor schildert, ist von Untoten bevölkert. Das Individuum, die Fähigkeit zu schenken oder das Hotelgewerbe vegetieren genau wie die meisten übrigen Errungenschaften des vergangenen bürgerlichen Zeitalters nur noch auf gespenstische Weise vor sich hin. Weil aber niemand sieht, dass sie sich, wie Adorno sagt, im Zustand der »Totenstarre« befinden, macht nicht die Katastrophe, sondern ihre Verkennung das eigentliche Grauen aus. Daher bekommt der Spätkapitalismus eine unheimliche Note. Auch die Unmöglichkeit, nicht kompromittiert zu sein, entspricht der Erzählstruktur des Noir. Adorno hat das Buch im kalifornischen Exil geschrieben, in Los Angeles, wo zur selben Zeit Filme wie *Double Indemnity* oder *Murder, My Sweet* entstanden. Knapp zwei Jahrzehnte später missverstanden es seine deutschen Leser als Beschreibung des Unbehagens an der jungen Bundesrepublik.

Doch waren die Sechzigerjahre insgesamt eine zu prosperierende Dekade, um der Atmosphäre des Vergeblichen breiten Raum zu geben. Raymond Chandler hatte erst seinen Job bei einer Ölfirma verlieren müssen, bevor er die Figur des Philip Marlowe erfand. Auch in Deutschland bedurfte es einer Rezession und enttäuschter politischer Hoffnungen, damit in den Siebziger- und Achtzigerjahren die Formensprache des BRD Noir entstand. Man denke an Fassbinder, an Rolf Dieter Brinkmann oder an die Romane von Jörg Fauser, der 1985 mit *Das Schlangenmaul* einen echten, von Chandler inspirierten Hard Boiled schrieb. Wer wissen will, wie noir die späten Siebzigerjahre waren, muss sich Manfred Stelzers Dokumentarfilm *Der Monarch* anschauen, der 1980 den Bundesfilmpreis gewann, aber heute völlig zu Unrecht weitgehend vergessenen ist. Diethard Wendtland tourt mit seinem in Gold lackierten Mercedes durch Deutschland, um Spielautomaten auszuräumen, was er aufgrund einer besonderen Begabung wie kein Zweiter kann. Die Spelunken, in denen er sein Geld verdient, sind der Bauch der Bundesrepublik. In solchen Läden gabelt Fritz Honka in diesen Jahren seine Opfer auf. Während der Protagonist versucht, mit niemandem aneinanderzugeraten, tanzen die Gäste schon vormittags zu deutschem Schlager. Alte Nazis, denen nichts als Trinken bleibt.

Auch amerikanische Varianten wären hier zu nennen, Walter Abishs *How German is it*, in dem im sumpfigen Untergrund der Bundesrepublik gegraben wird, oder Robert O'Connors *Buffalo Soldiers*, schon nach dem Mauerfall veröffentlicht, das uns zu Zeugen des florierenden Heroinhandels auf einer Base der U. S. Army in der Gegend von Mannheim macht. Vielleicht lohnt sich sogar der Versuch, die 1974 gestartete Serie *Derrick* als BRD Noir zu interpretieren. Die Abgründe, in die Horst Tappert in den Villen der Münchner Schickeria blickt, sind bodenlos. Vor allem aber erfüllt *Derrick* die Bedingung des kompromittierten Ermittlers, stellte sich doch posthum heraus, dass Tappert – Jahrgang 1923 – in jungen Jahren ein Angehöriger der Waffen-SS gewesen war. Eine genretypische Metaverwicklung speziell des BRD Noir. Dass der Mann etwas zu verbergen hatte, hätte man, sofern man über einen Fernseher verfügte, vielleicht schon immer an seinem Gesicht ablesen können, das, wie viele westdeutsche Nachkriegsfassaden, einen merkwürdigen Mauve-Ton besaß.

Die Bundesrepublik, die Frank Witzel aus der Erinnerung beschwört, ist nicht die helle Epoche nachholender Modernisierung, sondern bietet das paradoxe Bild eines Landes, das manichäisch in feindliche Lager gespalten, zugleich jedoch in provinziellem Leerlauf stillgestellt war. Es ist symptomatisch, dass der Autor seinen Protagonisten über die zyklische Natur der Zeit nachdenken lässt. Die Welt des Teenagers erscheint auch deshalb so morbide, weil er mit dem Schlimmsten rechnet, obwohl in Wirklichkeit nie irgendetwas Unerwartetes passiert. Wenn sich über Witzels Wiesbaden überhaupt ein Schein von Hoffnung ausmachen lässt, dann verdankt er sich der Beatles-Platte *Rubber Soul* und dem Haribo-Gummiteufel. Auch Gudrun Ensslin und Andreas Baader treten folgerichtig nur als Spielzeugfiguren auf.

1946 hatte Gottfried Benn das zerbombte Berlin

als überwachsene Ruine beschrieben, die vom Kultur- in den Naturzustand zurückgefallen war. Von Arnold Gehlen bis Francis Fukuyama wurde das Motiv des Posthistoire anschließend durch die zweite Hälfte des 20. Jahrhunderts tradiert. Auch Adorno ist seinen Autoren zuzurechnen: Alle Veränderung ist scheinbar, alles, was getan werden könnte, schlagen die *Minima Moralia* mit Vergeblichkeit. Man begegnet dieser Diagnose in jüngeren Epochendeutungen wieder, die den Verlust der Zukunft in einer Kultur der »breiten Gegenwart« als philosophisches Vermächtnis nicht erst der Achtzigerjahre, sondern des langen Nachkriegs überhaupt ansehen. Demnach wäre die BRD ein Land gewesen, in dem nicht nur der Erwartungshorizont zusammenschnurrte, sondern auch der historische Erfahrungsraum schwand, wie man mit einem ihrer wichtigsten Historiker sagen könnte. Ich vermute, dass das auch Frank Witzels implizite These ist. Wer die kapitalistische Gesellschaft als unheimlich oder sogar drastisch schildert, sieht ihren Schuldzusammenhang zumeist als unentrinnbar an. Heute, wo wir um unsere Sicherheit und unseren Wohlstand fürchten, wäre es naheliegend, auf die alte Bundesrepublik als Idyll zu rekurrieren. Dass das Gegenteil der Fall ist, dass wir sie nicht als heiles, sondern als versehrtes Land imaginieren, bedeutet, dass wir ihren Mythen misstrauen. Die Idee vom Fortschritt wie die vom Ende der Geschichte kippen in ihr unheimliches Gegenbild. Denn, wie wir den Nachrichten entnehmen müssen, ist die Geschichte zurückgekommen. Doch haben wir nicht den Eindruck, dass sie sich nach vorn bewegt.

In dem Gespräch, das dieser Band dokumentiert, dient uns BRD Noir als eine Art heuristische Brille, um zwischen Erinnerungen, Büchern und Filmen Zusammenhänge herzustellen. Dabei ist weder eine Theorie noch eine Geschichte der alten Bundesrepublik beabsichtigt, und wir maßen uns auch keine Entscheidung darüber an, was als ihr historisches Vermächtnis zu gelten habe. Wenn Frank Witzel im Folgenden eher den Part des Zeitzeugen spielt und ich eher die Rolle des Historikers übernehme, so hat das mit Naturell und Profession zu tun. Doch haben wir diese Aufgabenteilung nicht kategorisch durchgehalten. Schließlich reden hier vor allem Angehörige zweier Generationen miteinander, denen klargeworden ist, dass das Land, in dem sie aufgewachsen sind, der Vergangenheit angehört.

*Philipp Felsch und Frank Witzel*

# BRD Noir

## *1. Provinz*

Philipp Felsch (F): Warum müssen Adoleszenzromane, speziell aus der alten Bundesrepublik, eigentlich immer in der Provinz spielen? Das gehört sozusagen zur Gattung dazu. Aber warum denn? Was zeichnet die Provinz im Verhältnis zur Großstadt aus?

Frank Witzel (W): Es gibt ja unterschiedliche Formen von Provinz. Oft spielen solche Geschichten in kleinen Dörfern, die weit abgelegen sind. In meinem Roman ist die Stadt in der Nähe, aber seltsamerweise besteht trotzdem eine Form von starker Provinzialität, weil man sich als Kind eben nur in einem ganz beschränkten Umfeld aufhält. Es stellt sich also die Frage, ob die Kindheit nicht generell mit der Provinz eng verbunden ist.

F: Vielleicht ist Provinz gar kein geografischer Ort, sondern eine Lebensphase …

W: Genau, Provinz ist auch ein Alterszustand, weil man sich nur in einem engen Umfeld bewegt. Die Freunde kommen aus der nächsten Straße, die Schule ist auch eher nah. Für diese sogenannten

Fahrschüler, die von weiter weg mit dem Bus kamen, oft eine Stunde früher da waren und auch nach der Schule im Aufenthaltsraum bleiben mussten, bis ihr Bus fuhr, war das noch einmal etwas anderes, denn sie sind auch räumlich von dem Ort getrennt, wo sie hinmüssen oder -wollen. In Biebrich, wo ich aufgewachsen bin, hätte man mit dem Bus gerade mal drei, vier Stationen fahren müssen und wäre im Wiesbadener Zentrum gewesen, und trotzdem hat man das als Kind, selbst als 13-, 14-Jähriger selten gemacht.

F: Vielleicht ist das eine Provinz im Kopf, die es auch in der Großstadt geben kann. Man hat als 13-Jähriger ja nicht die Idee, dass es woanders interessanter sein könnte. Die Welt zwischen Schule, Sportplatz und Edeka war für mich damals jedenfalls immer noch wichtiger als alles, was dahinter lag. Aber ich habe den Eindruck, damit ist trotzdem nicht alles zum Thema Provinz gesagt. Weil die alte Bundesrepublik nämlich unter Verdacht steht, generell ein provinzielles Land gewesen zu sein. Vielleicht ist ja ein 13-Jähriger auch genau aus diesem Grund so ein geeigneter Erzähler für dieses Land. Mir kommt eine Artikelserie in den Sinn, die Karl Heinz Bohrer in den frühen Achtzigerjahren im *Merkur* veröffentlicht hat. Er malt sich darin aus, in eine von ihren Bewohnern verlassene Bundesrepublik zu kommen, und kann nicht fassen, wie provinziell und hässlich alles ist. Er geht in die leeren Restaurants und liest die Speisekarten: »Süße Schweinskeule in roter Fettsauce auf Rehfüßchen …

Gebeizte Bodenseefelchen aus schierem Schier, nachgedunkelt durch Nierenblut« usw. Da wird er surrealistisch, würde ich sagen. Für Vegetarier müssen die Achtzigerjahre in Deutschland jedenfalls eine harte Zeit gewesen sein. Aber darum geht es Bohrer nicht. An seinen Fleischgerichten liest er den Zustand eines Landes ab, das den Sinn für Eleganz, für das Schöne verloren hat. Was in Paris die Boutiquen sind, sind in Bielefeld die Metzgerläden. Und es stimmt ja: Es ist eine merkwürdige Erfahrung, hinter einem deutschen Rentner in der Schlange beim Metzger anzustehen. Bis er seinen Aufschnitt und seine Sülze ausgesucht hat, kann man schnell noch zum Bäcker gehen. Was ich weniger nachvollziehbar finde, ist, wie mühelos Bohrer von der Hässlichkeit von Bielefeld zum Mangel an politischem Bewusstsein gelangt. Der schlechte Geschmack, den er auch am neuen Kanzler Helmut Kohl festmacht, hat für ihn nämlich mit dem Abgang von der Bühne der großen Geschichte zu tun. Duodezfürstentum, Kleinstaaterei, die alte deutsche Krankheit. Nur zwischendurch, von Bismarck bis Hitler wahrscheinlich, habe man einen Sinn für das Politische und für Feindschaft entwickelt. Doch die Westdeutschen sehnen sich nach einer Biedermeier-Idylle zurück. Das ist für Bohrer das Provinzielle.

W: Auf der einen Seite existiert in der Provinz der Wunsch nach dieser Biedermeier-Idylle, und teilweise ist die Provinz natürlich auch idyllisch, wenn man ihr die Stadt als Gegenentwurf gegenüberstellt oder die Industriegebiete, die sich irgendwo zwischen Provinz und Stadt befinden. Auf der anderen Seite braucht die Provinz die Stadt, um überhaupt zu einem Begriff der Idylle kommen zu können, aber auch um sich von der Tristesse zu befreien, die immer mit in einer Idylle steckt. Wenn Idylle das Ungestörte, Ungetrübte ist, dann drängt sich quasi zwangsläufig eine gewisse Zeitlosigkeit auf, ein Gefühl von Ewigkeit und natürlich auch Gleichförmigkeit. Da Idylle, um Idylle sein zu können, keine Bedrohung kennen darf, kennt sie umgekehrt auch keine Entwicklung und Veränderung. Alles bleibt so, wie es immer war. Und eben das hält nicht jeder aus. Da erscheinen dann die Unruhestifter, die etwas spüren, was die Gemeinschaft anscheinend nicht spürt, und die ganz bewusst gegen das Idyll als Ausdruck des Falschen, weil angeblich Vollständigen, vorgehen. Und die haben dann in der Regel die Idee der Stadt im Handgepäck, der Unruhe und Bewegung, der Veränderung, aber auch natürlich der Anonymität und des drohenden Untergangs, von dem die Städte-Romane geprägt sind, die es auf der anderen Seite gibt. Döblins *Berlin Alexanderplatz*, um jetzt mal den bekanntesten zu nennen. Gibt es dort nicht umgekehrt eine Verheißung der Provinz, wo man zur Ruhe kommen und Frieden finden kann?

F: Auch Christiane F. hat, wenn ich mich richtig erinnere, zwischendurch mal den Gedanken, mit ihrem Freund Detlef aus West-Berlin abzuhauen und irgendwo auf dem platten Land nochmal von vorne anzufangen. Das ist aber natürlich nicht mehr als eine kurzlebige Junkie-Euphorie. Vielleicht ist das Buch übrigens die Ausnahme, die die Regel bestätigt: die Geschichte einer westdeutschen Jugend, die nicht auf dem Land, sondern in der Großstadt spielt. Ich habe das Buch mit 12 oder 13 heimlich unter der Bettdecke gelesen. Vor West-Berlin hatte ich seitdem eine Höllenangst. Kurze Zeit später bekam mein Vater das Angebot, beruflich nach West-Berlin zu gehen, aber zu meiner großen Erleichterung wurde daraus nichts und wir sind in Nikolausberg bei Göttingen geblieben. Dass das Provinz sein könnte, davon hatte ich genau wie der Protagonist deines Buches keinen Begriff.

W: Als Kind sind einem solche Begriffe ohnehin fremd. Man erfährt sie erst einmal als Zuschreibung von außen, so wie mein Protagonist auch erstaunt ist, als man ihm sagt, dass er in der Diaspora lebt. Vielleicht ist das fehlende Selbstverständnis ein weiteres Kennzeichen der Provinz, und wie ein Pubertierender braucht sie die ständige Selbstvergewisserung. Das würde dann auch deine Frage vom Anfang beantworten, warum Adoleszenzromane vornehmlich in der Provinz spielen: Die Provinz bildet das fehlende Selbstverständnis und die beständigen Zweifel des Aufwachsenden noch einmal außen ab. Aber so, wie die Provinz die Großstadt braucht, so braucht eben auch die Großstadt die Provinz, nur weiß sie selbst nichts davon, sodass man vielleicht verkürzt sagen könnte: Die Provinz weiß nichts von sich und schaut nur auf das andere, während die Stadt nichts vom anderen weiß und nur auf sich schaut. Dann wäre die Provinz im doppelten Sinne unerkannt, vor allem aber auch die Beziehung zwischen Provinz und Stadt, die in einer Art einseitiger mittelalterlicher Anschauung steckengeblieben ist, wo alles zur Stadt drängt, weil Stadtluft frei macht. Provinz wäre dann eine Art Atavismus, eine Vorstufe zur Stadt, Provinz ist das, was noch nicht Stadt ist, so wie der Pubertierende noch nicht erwachsen ist. Sie bleibt dann als sentimentale Erinnerung an eine verlorene Kindheit, die man sich als Fototapete in die engen und niedrigen neuen Wohnzimmer der expandierenden Städte hängt: ein Wald, eine kleine Flusslandschaft, so etwas. Ich komme darauf, weil ich gerade neulich ein altes Kinderfoto von mir gefunden habe, auf dem ich genau vor so einer Tapete an einer Kaffeetafel sitze. Ich konnte mich gar nicht mehr daran erinnern, dass meine Eltern auch so etwas im Wohnzimmer hatten, etwas dilettantisch drübergeklebt über die alte Tapete. An irgendeinem Sonntag wurde dieses Foto gemacht in dem beklemmenden Wohnzimmer, das selbst in einem Ort inmitten der Provinz liegt. Aber dennoch holt man sich die Natur rein, quasi als Re-Import, weil man die Modeerscheinungen der Stadt imitiert, aber auch weil die Provinz das Idyllische gerade verliert durch die Industrialisierung, Verödung, Anfänge des Waldsterbens.

F: War das ein deutscher Wald auf der Tapete oder ein Palmenstrand?

W: Es war kein Palmenstrand, sondern ein deutscher Wald, der da in einer Art Dopplung auftaucht, denn im Grunde sah es hundert Meter weiter gar nicht so viel anders aus. Es drängt sich die Vermutung auf, dass man auch die Idylle einem gewissen Praxisgedanken unterwerfen wollte, sie jederzeit verfügbar machen, sterilisieren und von jeder Bedrohung befreien. Der Wohnungsbau, der in den Fünfzigerjahren anfing, war ja vor allem auf Funktionalität ausgerichtet, dafür hat man dann eine gewisse Enge, diese niedrigen Decken und schmalen Zimmer, in Kauf genommen. Überhaupt diese Ausrichtung auf Funktionalität in den Fünfzigerjahren: Man kam dann auf die Idee, alle möglichen Dinge miteinander zu verbinden, Kopplungen, die man für praktisch hielt, zum Beispiel diese Servierschalen mit verschiedenen Ebenen, Stangen und Behältern für Salzstangen und Brezelchen und so weiter. Dann so etwas wie die Durchreiche, die in meinem Roman eine große Rolle spielt. Die Durchreiche als Einzug des Taylorismus in den Privathaushalt, weil man auch privat von der Überlegung getragen wurde: Wo kann ich eine Minute an Zeit sparen? Wir haben eigentlich immer nur in der Küche gegessen, aber es war wichtig, dass diese Durchreiche existierte, zumindest als Möglichkeit. Tatsächlich wucherte die dann langsam zu, weil Zeitungen hineingelegt wurden.

F: So wie sich die Bewohner von Corbusier-Bauten Mühe gaben, ihre kalten modernistischen Wohnungen in Höhlen zurückzuverwandeln. Das wäre auch mal eine interessante Geschichte: der Guerillakampf gegen die architektonischen Zumutungen der Moderne. Die Natur und das Unverbrauchte werden ja erst in dem Moment interessant, wo man aufhört, in einem Dorf zu wohnen, wo sich die Speckgürtel ausbreiten und wo eine Gegend flächendeckend vorstädtisch wird. Genau so bin ich auch aufgewachsen. Die Sehnsucht nach Landschaft als Kompensation der industriellen Welt. Auch Heideggers Hütte stand nicht im tiefen Wald, sondern da waren Nutzflächen und Aufforstungsgebiete drumherum. Das Dörfliche, Bäuerliche war zumindest in den Sechzigerjahren schon eine Projektion. Heute gibt es da ein Skigebiet, und das Neubauviertel von Todtnauberg wächst an die Hütte ran. Das hätte sich Heidegger nicht träumen lassen, die Gegend ist inzwischen total verbaut. Auch in der Provinz ist die Natur längst in eine exotische Ferne gerückt. War auf den ersten Fototapeten der BRD eigentlich der deutsche Wald zu sehen? Ich kenne eine Kreuzberger Kneipe, die haben noch eine wunderbare alte Fototapete mit einem Buchenwald drauf. Der Tropenstrand kam wahrscheinlich erst in den Jugendzimmern der Siebzigerjahre auf.

W: Könnte man vielleicht sagen, dass es einen Punkt gibt, an dem der deutsche Wald als Idyll auf der Fototapete nicht mehr ausreicht? Wo man zum einen merkt, den gibt es in seiner reinen Idylle gar nicht mehr, man aber zum anderen auch das mit ihm verbundene Grauen, die Bedrohung, die in ihm existiert, ausschließen muss? Denn wenn du diese Kreuzberger Kneipe mit dem Buchenwald beschreibst, dann denkt man natürlich auch gleichzeitig an das andere Buchenwald, während man mit den Palmen erstmal gar nichts anderes verbindet, nur blauen Himmel und Urlaub, denn der Kolonialismus liegt ja bereits etwas länger zurück. Und könnte man den beginnenden Tourismus nicht ähnlich interpretieren, als Fluchtbewegung raus aus einer kontaminierten und deshalb nicht mehr wirksamen Idylle? Es hieß ja immer, endlich konnten sich die Deutschen was leisten, endlich mal reisen, aber vielleicht hielt es ein Teil der Bevölkerung schlicht und einfach nicht mehr aus in der BRD, während der andere nach wie vor fröhlich durch die Gaue wanderte.

## 2. *Narrative der Bundesrepublik*

F: Wir wollen über die alte Bundesrepublik reden und kommen ständig auf die Nazis zurück. Das bringt mich zu unserem eigentlich Thema. Was Karl Heinz Bohrer über die Entpolitisierung und die daraus resultierende Spießigkeit der Westdeutschen schrieb, kennt man ja in vielen unterschiedlichen Varianten. Die bekannteste ist wahrscheinlich von Florian Illies, der in den Neunzigerjahren dafür den Begriff von der »Generation Golf« erfand: Als man mit dem Playmobil-Piratenschiff samstagabends in der Badewanne saß und sich auf *Wetten dass..?* freute, war die Welt in Ordnung. Aber sie war laut Illies eben auch ziemlich sinnentleert. Ich habe den

Eindruck, dass die historische Bilanz der BRD bis heute vor allem anhand dieses Narrativs gezogen wird. Ob man dabei von »Entpolitisierung« oder von »Demokratisierung« spricht, hat mit der Generation und der politischen Überzeugung zu tun. Wer »Demokratisierung« sagt, sieht kein Biedermeier, sondern einen Zivilisationsprozess, in dem die Deutschen lernten, das Politische nicht mehr von der Feindschaft, sondern von der Verständigung aus zu denken. »Geglückte Demokratie« oder »Ankunft im Westen« sind die Schlagworte der Historiker für diesen Prozess. Ihnen liegt nicht daran, das westdeutsche Idyll als Kompensation oder als Verblendungszusammenhang zu entlarven, sondern es bekommt dann so etwas wie einen realhistorischen Kern. Die alte Bundesrepublik war das Land, in dem die Deutschen lernten, dass man miteinander diskutieren kann. Auch die Schere zwischen Arm und Reich klaffte noch nicht so weit auseinander wie seit Hartz IV. Gegenwärtig kann man aber etwas anderes beobachten. Seit einiger Zeit begegnet mir eine neue Faszination für die alte Bundesrepublik. Von ihrem biederen oder progressiven Charakter haben wir vielleicht genug gehört. So wie in deinem Buch tritt daher jetzt ein verstärktes Interesse an ihren Abgründen, am BRD Noir hervor. Es könnte gut sein, dass dieses Interesse mehr über unsere Gegenwart als über die alte Bundesrepublik verrät. Aber in einem Punkt trifft es sich mit den älteren Deutungen: Auch BRD Noir geht vom Motiv des Idyllischen aus.

W: Genau, es braucht die Vorlage des Idylls, in das dann das Ungeheuerliche, das Bedrohliche einbricht. Als du gerade Bohrer zitiert hast, es fehle der Sinn für Feindschaft, da musste ich unwillkürlich an PEGIDA denken. Geht es denen nicht genau darum: um einen Erhalt von Idyll, von der Vorstellung des Idylls? Die denken, wenn da drüben Flüchtlinge einziehen oder überhaupt Andersdenkende, dann macht das unser Idyll kaputt, dieses Idyll, das sie unter Umständen gar nicht zu nutzen wissen, unter dem sie vielleicht sogar leiden, sodass sich gerade aus dem Idyll eine Form der Feindschaft entwickelt. Allerdings trifft diese innerhalb des Idylls auf eine Unfähigkeit, artikuliert zu werden, nämlich als einfache Differenz, als relativ normale und banale Erscheinung innerhalb der politischen Auseinandersetzung. Und mit dieser Fixierung auf das Idyll kann Schönheit nicht empfunden werden, weil man das Andere der Schönheit ausschließt und stattdessen in den Kitsch abgleitet, den man vielleicht als das Falsche der Schönheit definieren konnte, weil man versucht, Schönheit ohne das Hässliche, das Unschöne zu denken. Und Bohrer hat insofern in diesem Zusammenhang Recht, dass Feindschaft auch nicht gedacht werden kann, weil man diesen Kitsch, diese Verdrängung verteidigt und alles bekämpfen muss, was einen unter Umständen an das Andere erinnert und das Idyll infrage stellt. Feindschaft denken, würde ja heißen, einen Gegner erstmal zu akzeptieren, deshalb kommt bei der Rhetorik der PEGIDA auch immer dieses Nölige zum

Tragen, weil man sich allein schon durch die Existenz eines Gegners beleidigt fühlt. Daher auch immer dieser Spruch: »Man wird doch wohl noch sagen dürfen ...«, in Wirklichkeit heißt der: »Warum sagen nicht alle dasselbe wie wir? Warum gibt es überhaupt andere Meinungen als unsere?« Und vielleicht ließe sich hier sogar eine generelle Unterscheidung zwischen den alten Mustern von links und rechts aufmachen, dass die Rechte schon die Existenz des Gegners als persönliche Kränkung empfindet und dann entsprechend auf eine völlige Vernichtung, Ausrottung, Ausgrenzung drängt.

F: Es gibt Leute, die behaupten, PEGIDA gebe es auch, weil den Ostdeutschen – anders als den Westdeutschen nach 1945 – nach der Wende niemand beigebracht hat, wie Demokratie funktioniert. Ob man dafür eine Idee von Feindschaft benötigt, oder ob man die gerade überwinden muss, darüber gehen die Meinungen allerdings auseinander. Aber lass uns zum Noir zurückkommen. Ursprünglich ist das ja ein amerikanisches Genre, das Autoren wie Raymond Chandler und Regisseure wie Otto Preminger oder Billy Wilder in Kalifornien entwickelt haben. Dass wir dafür den französischen Ausdruck *noir* verwenden, liegt daran, dass der französische Filmkritiker Nino Frank diesen Begriff 1946 zum ersten Mal für die neuen amerikanischen Filme verwendet hat. Die Heimat des Noir ist aber nicht Paris, sondern Los Angeles, die Stadt der Engel und der Sonne, wo der amerikanische Traum immer schon am schönsten war. Und genau deshalb, weil Los Angeles die strahlende Zukunft oder vielleicht besser die Verheißung des Kapitalismus verkörperte, konnte es so kaputt und so unheimlich werden wie sonst eigentlich keine andere Stadt.

W: Und wie könnte man dieses Noir auf die BRD übertragen?

F: Wenn ich dein Buch lese, finde ich, dass dieser Schritt eigentlich naheliegt. Auch die frühe Bundesrepublik war ein Land, das seinen Bewohnern eine bessere Zukunft versprochen hat, und außerdem war sie ein sicheres, geordnetes, demokratisches Land, ideal, um Kinder großzuziehen. Bei den Historikern überwiegt bis heute das Erstaunen: Nehmen wir mal Auschwitz im Jahr 1944, den Tiefpunkt des 20. Jahrhunderts. Wie war es möglich, unter dieser Voraussetzung, dass innerhalb von ein paar Jahren ein so gut funktionierender und prosperierender Staat entstand?

W: Innerhalb von zehn Jahren. 1955, habe ich gerade neulich gehört, war der Höhepunkt des Wirtschaftswunders. Und das ist ja zufällig auch mein Geburtsjahr. Ich komme auf dem Höhepunkt des Wirtschaftswunders auf die Welt, alles scheint ausgeräumt, eine Welt, wie du sie gerade beschrieben hast, eine Welt, die funktioniert. Und genau das ist ein Topos im Film-Noir. Man wird am Anfang immer zuerst einen Schwenk über eine Vorortsiedlung sehen, wo die Männer zur Arbeit gehen, die Frauen die Kinder hüten, kochen, wo also alles funktioniert.

F: Es sieht natürlich glamouröser als Wiesbaden-Biebrich aus. Oft spielen die Filme im Hollywood-

Milieu, im Umfeld der Stars oder Starlets, wenn man zum Beispiel an einen Film wie *L. A. Confidential* denkt. Die sehen gut aus, die haben alle Möglichkeiten und fahren mit dem Cabrio durch L. A. Zum Noir gehört die Freiheit der Konsumgesellschaft, die Kleidung, die Wohnungen, die Bars, in denen der Held seinen Whisky trinkt. Und genau die spielt ja auch in deinem Roman eine so zentrale Rolle. Wobei es nicht um Cocktail-Varianten, sondern um Nimm 2, Haribo-Teufel und Eiskonfekt geht. Man hat als Leser viel Spaß daran, sich an die ganzen Marken und Produkte zu erinnern, die man von früher noch so wahnsinnig gut kennt. Die funktionieren so ähnlich wie die Madeleine bei Proust. Historisch würde ich sagen, ereignet sich hier der Durchbruch der »Überflussgesellschaft«, wie es in der Soziologie der Fünfzigerjahre hieß. Auf einmal hatten auch die Westdeutschen mit zehn- oder zwanzigmal so vielen Dingen wie bisher zu tun. Was kann man mit zehn verschiedenen Zigarettenmarken anfangen? Man kann sich unterscheiden, eine Haltung demonstrieren, ein Individuum oder ein Teenager sein. Dazu braucht man das Überflüssige, Redundante. Das funktioniert erst, wenn man wählen kann.

W: Es kommt darauf an, ob man Reval raucht oder Ernte 23.

F: Richtig, genau. Bei den Zigarettenmarken bist du in deinem Buch soziologisch fast so präzise wie Pierre Bourdieu. Die Frau von der Caritas raucht Kim. Der alte Nazi im Wirtshaus raucht Overstolz.

Niemand käme auf die Idee, Golf zu spielen oder Tennis. Das ist, zumal aus heutiger Sicht, alles sehr bescheiden und frugal. Aber ohne diese feinen Unterschiede, über die sich die unterschiedlichen Typen definieren, verlöre die Geschichte ihren speziellen Geschmack. Im Sozialismus, glaube ich, funktioniert Noir nicht.

W: Wenn man es sich so vorstellt, bestimmt nicht. Wie du sagst, muss es eine funktionierende demokratische Gesellschaft als Kulisse geben. Wenn ich jetzt an den Realsozialismus denke und mir einen Noir-Film vorstelle, der dort spielt, dann würde ich immer die Bedrohung der Staatsmacht irgendwo spüren. Das Unheimliche und Verdrängte der Idylle findet sich an anderer Stelle, so wie es wahrscheinlich auch eine andere Idylle ist: Beim Noir fehlt die Staatsmacht in dieser Funktion, weil sich herausstellt, dass Gut und Böse nicht direkt zu unterscheiden sind.

F: Deshalb hat George Orwell zum Beispiel nichts mit Noir zu tun. Noir funktioniert nur vor der Kontrastfolie sonnig, deshalb Kalifornien, oder zumindest vor der Kontrastfolie bunt. Im Sozialismus, wo von vornherein alles grau war, da kann man kein Schwarz eintragen, weil es keinen Kontrast erzeugt. Das beste Beispiel für die Farben ist für mich *Black Velvet* von David Lynch.

W: Es ist bezeichnend, dass du den Film als *Black Velvet* erinnerst, denn darauf läuft es natürlich hinaus, aber um *Black Velvet* werden zu können, muss er erst einmal *Blue Velvet* sein.

F: *Blue Velvet*, habe ich *Black Velvet* gesagt? »Black Velvet« heißt, glaube ich, der einzige Hit von Alannah Myles, der 1990 ständig auf MTV lief, als ich ein Jahr in Amerika war. Es muss natürlich *Blue Velvet* heißen. Irgendwie hat es Lynch geschafft, die Farben in seinem Film besonders grell hervortreten zu lassen. Die Tulpen in den Gärten der idyllischen Kleinstadt Lumberton sehen vollkommen künstlich aus. Und dann macht Kyle MacLachlan in der Wiese einen grausigen Fund. Damit geht die Geschichte los. Aber auf den ersten Blick ist alles friedlich und fröhlich und bunt.

W: Aber David Lynch repräsentiert eine der späteren Noir-Phasen, die mit dem Genre schon spielen, eine gewisse Bildsprache voraussetzen und erweitern. Wenn man sich aber mal die Anfänge anschaut, die man filmhistorisch als Noir bezeichnen würde, dann wären das eher die Vierziger- bis Fünfzigerjahre. Wenn man diese Rechenweise übernimmt, die mir in meiner Kindheit immer vorgesagt wurde, dass wir in der BRD alles zehn Jahre später als in den USA haben, den Fortschritt, aber auch das Negative, dann würde das auch genau stimmen. Zum Beispiel die Kindesentführungen, da hat man gesagt: Jetzt kommen auch bei uns diese amerikanische Zustände, Klein-Chicago und so weiter.

W: Einer der ersten Fälle, der in den Sechzigerjahren große Aufmerksamkeit bekam, war die Entführung von Timo Rinnelt. Für mich hat das eine sehr große Rolle gespielt und war richtig bedrohlich, auch weil es in Wiesbaden stattfand. Man hat das Erscheinen des Kidnappings entsprechend bewertet und, wie gesagt, verkündet: »Jetzt haben wir hier amerikanische Zustände.« Die Verfilmung des Falls fängt auch damit an, dass ein Unbekannter in einem Wiesbadener Buchladen ein Taschenbuch mit dem Titel *Kidnapping in Manhattan* kauft. Man wusste über Jahre nicht, dass es sich um einen Freund der Familie handelte, der dann aber natürlich durch das Wissen um solche Fälle in Amerika, wie die Entführung des Lindbergh-Babys etwa, auf die Idee kommen konnte, einen Erpresserbrief zu schreiben, um seine Tat zu vertuschen. Vielleicht wäre ihm das sonst nicht eingefallen, denn es war ja keine Entführung, sondern ein Mord.

F: Du meinst Klaus Lehnert?

W: Genau. Ganz typisch das Ganze, ein Nachbar sieht diesen Jungen, nimmt ihn mit und dann eskaliert das innerhalb von wenigen Minuten, ohne dass es zu einem Missbrauch oder ähnlichem kommt. Das war kein Jürgen Bartsch, den es parallel auch gab und der tatsächlich Jungen systematisch in einen alten Luftschutzbunker verbracht hat, um sie dort zuzurichten. Dem Lehnert ist das einfach so passiert. Und dann baut er einen Entführungsfall darum, um den Jungen ganz in der Nähe verstecken zu können, denn die Aufmerksamkeit ist abgelenkt und man geht ganz anderen Spuren nach, sodass der Junge erst nach drei Jahren gefunden wird. Und die ganze Zeit weiß man nicht, ob er irgendwo noch am Leben ist oder nicht. Und das ist tatsächlich ein richtiges Noir-Motiv, was da in die Wiesbadener Idylle einbricht.

F: Es überrascht mich, dass man das damals als Einbruch amerikanischer Verhältnisse beschrieben hat. In meiner Kindheit, in den Siebzigerjahren, waren Mörder und Entführer schon ein vollkommen einheimisches Phänomen. Die ganze Gegend war voll davon. Soweit ich weiß, hat es der Mord, der mich am meisten beschäftigte, aber nie zu bundesweiter Prominenz geschafft. Das war einfach ein lokaler Fall, wie sie wahrscheinlich ständig irgendwo passieren. Frau Reichert, eine alte Dame, wurde in einem Wald bei Göttingen-Nikolausberg umgebracht. In der Nähe stand ein Landgasthof mit dem Namen Knochenmühle …

W: … die Knochenmühle, die auch in meinem Roman vorkommt, ist schon vom Namen her ein unheimlicher Ort, weil sich in dem Begriff Körperteile mit einer Maschinerie verbinden. Das hat natürlich die kindliche Fantasie in Bewegung gesetzt. Man kannte die Mühle ja nur noch aus dem Kinderlied, als Singsang eines Vorgangs, der längst nicht mehr zum Alltag gehörte: aus Korn wird Mehl, aus Mehl wird Brot und so weiter. Und jetzt dasselbe, eben nur mit Knochen statt Korn, was die Erinnerung an Max und Moritz weckte, die wegen ihrer Aufsässigkeiten durch die Mühle gedreht und fein geschrotet in Stücken daliegen am Ende, um in einer Art Kreislauf der Gerechtigkeit vom Federvieh gefressen zu werden, dessen Tod sie zu Beginn ihrer Streiche verursacht haben. Gleichzeitig war es ein Hinweis auf das Verschwiegene, die Tötungsmaschinerie der Nazis, natürlich nur in einer Art unbewussten Ahnung, weil man auch nicht wusste, was da eigentlich genau passiert.

F: Mir fällt auf, dass ich mich nie gefragt habe, was in einer Knochenmühle eigentlich hergestellt wird.

W: Da wurde Leim und Seife hergestellt. Und gerade was Seife angeht, gab es ja das Gerücht, dass man die Überreste der in den KZs ermordeten Juden zu Seife verarbeitet haben soll, weil auf den Seifen die Abkürzung RIF stand, was man als »Reines Judenfett« interpretiert hat. Und es ist doch irgendwie eigenartig, dass diese ganzen seltsamen Legenden und Gerüchte kursierten, aber man nichts Wirkliches erfahren hat. Dabei sind diese Erzählungen der Wahrheit auf ihre Art fast noch näher, weil sie das Grauen in ein Bild fassen. Denn natürlich haben die Nazis auch noch die Leichen der von ihnen ermordeten Juden geschändet und weiterverarbeitet, wenn auch nicht zu Seife, aber die Seife steht natürlich für das Reinwaschen und das ist der Gipfel an Perversion: Ich wasche mich mit dem rein, was ich selbst ermordet und zerstückelt und verarbeitet habe. Und das alles schwang eben auch mit, wenn der Wind auf eine gewisse Weise stand und man bei uns zu Hause die Knochenmühle roch.

F: Soweit ich weiß, kamen die Knochenmühlen 1944 tatsächlich in Polen im Einsatz, da mussten die Reste der während der Aktion Reinhardt ermordeten Juden weg. Aber was war das denn für ein Geruch?

W: Süßlich, so ähnlich wie Kakao. Wie ein übertriebener Kakaogeruch, der einem hochsticht in der Nase. Und gleichzeitig kursierte das Gerücht, dass Menschenfleisch süßlich schmeckte, was man als Kind auch einfach geglaubt hat, ohne zu hinterfragen, woher dieses Wissen eigentlich stammen könnte. Dazu noch der Umstand, dass man diesen Betrieb nur manchmal wahrnahm, während man davon ausgehen konnte, dass er beständig arbeitete, das trug alles auch nochmal dazu bei, das Ganze als unheimlich und bedrohlich zu empfinden. Da ist etwas beständig am Werk, aber ich bekomme nur durch Zufall etwas davon mit.

F: Bei uns, in den Siebzigern, stand die Knochenmühle still, da wurde schon lange kein Leim mehr hergestellt. Das war ein Landgasthof, außerhalb des Dorfes an der Bundesstraße. Aber definitiv ein unheimlicher Ort, schon wegen des Mordes, der da stattgefunden hat. Ich erinnere mich nicht, dass wir da jemals essen gegangen wären. Oder irgendjemand anderes. Für den Motivschatz des BRD Noir ist die Knochenmühle, auch ihrer Geschichte wegen, natürlich ein unglaublich starkes Bild. Ich bin am Stadtrand aufgewachsen und habe viel im Wald gespielt. Wir gingen davon aus, dass sich der Mörder von Frau Reichert immer noch irgendwo in diesem Waldgebiet hinter der Knochenmühle versteckt. So ähnlich wie im 18. Jahrhundert Johannes Bückler, ein gefürchteter Räuber, auch unter dem Namen Schinderhannes bekannt. Wenn uns beim Spielen ein Erwachsener begegnete, war das der erste Gedanke: Um Gottes Willen, das könnte der Mörder sein. Einmal habe ich zusammen mit einem Freund einen Mann gesehen, der sich irgendwie abseits des Weges im Gebüsch aufhielt. Wir haben uns nur kurz angeschaut und sind dann um unser Leben gerannt. Das war der Tag, an dem ich vorher in demselben Waldstück einen Zehnmarkschein gefunden hatte. Am Abend haben wir Pläne geschmiedet: Wir nehmen das Geld und hauen ab. Vielleicht gab es doch eine Sehnsucht, der Provinz zu entfliehen.

W: Du hast also wirklich an diesen Mörder geglaubt?

F: Absolut. Und das ging auch meinen Freunden so. Ich habe den Eindruck, das können alle bestätigen: Zum Aufwachsen in der Bundesrepublik gehörte die Angst vor Mördern und Entführern dazu. Es ging nicht um Gangster oder Einbrecher oder Räuber. Im Gegenteil: Wir wollten mit 14 ja selber noch Piraten sein. Es ging um den Akt des Mordens, von Soziopathen oder Psychopathen oder denen, die Triebtäter hießen, verübt. Bis heute schwingt in dem Wort Mörder noch die Angst von damals mit. Ist die allen Kindern eigen, oder gehört die speziell in die alte Bundesrepublik? Hier in Berlin hat es im letzten

Sommer zwei Kindsmorde gegeben. Mohamed ist vor dem Landesamt für Gesundheit und Soziales, wo die Flüchtlinge anstehen müssen, aus der Warteschlange entführt worden. Der andere, Elias, hat allein auf einem Spielplatz bei Potsdam gespielt. Nach wochenlanger Suche haben sie den mutmaßlichen Täter gefunden. Der wohnte im selben Haus wie seine Eltern, in Brandenburg, bei Luckenwalde irgendwo. Über dem Wohnzimmer seiner Eltern hat er auch die Jungs umgebracht. Die Mutter hat die Phantombilder im Fernsehen gesehen und dann ihren Sohn angezeigt. Ein klassischer Triebtäter. Aber anders als bei Timo Rinnelt hat der Fall keine große Resonanz in der öffentlichen Imagination gehabt. Es kann natürlich sein, dass die Neunjährigen immer noch davon reden. Aber ich habe das Gefühl, heute fühlen wir uns ganz anderen Bedrohungen ausgesetzt. So ein Verbrechen wirkte da beinahe nebensächlich. Die Stelle der Gewalt ist nicht mehr vakant.

## *4. Die Eltern*

W: Mein Vater war fahnenflüchtig gegen Ende des Kriegs und hat sich übrigens auch in einem Wald versteckt. Wenn er davon erzählt hat, dann klang das eher märchenhaft, obwohl es lebensbedrohlich gewesen sein muss, schließlich hatten ihn die Nazis in Abwesenheit zum Tode verurteilt. Man muss sich klarmachen, dass meine Eltern Ende '45 im Teenageralter waren, 14, 15. Das heißt, sie waren selbst Kinder in dieser Zeit, haben aber unglaubliche Dinge erlebt und standen dann mit einem Mal als neue, gute Demokraten da. Damit meine ich, dass sie keine direkte Nazivergangenheit hatten. Mein Vater, Jahrgang 1930, wurde noch gegen Ende eingezogen, ist aber, wie gesagt, nicht hingegangen, weil seine Eltern gesagt haben: »Du bleibst hier und versteckst dich.«

F: Er gehört also zur Flakhelfergeneration, die auf den letzten Metern in den Krieg musste, aber sich anders als die paar Jahre Älteren nicht aktiv dafür – oder dagegen – entschieden hat.

W: Seinen Cousin haben sie gehängt, ihn eben nicht.

F: Aus gleichen Gründen?

W: Aus gleichen Gründen, ja. Das waren dann standrechtliche, oder nicht mal mehr standrechtliche Hinrichtungen, die wurden einfach an Fleischerhaken aufgehängt. Meine Eltern stehen interessanterweise stellvertretend für zwei Arten der Kommunikation über die Zeit des Nationalsozialismus und des Kriegs: Meine Mutter hat so gut wie gar nichts darüber erzählt, die durfte man auch gar nicht darauf ansprechen. Sie hat immer nur gesagt, dass es alle gewusst hätten mit der Judenvernichtung, wenn sie es schon als junges Mädchen gewusst hätte. Während mein Vater mit sonnigem Gemüt erzählt hat, wie sie mit Handgranaten gefischt haben. Ich konnte das als Kind nicht genau von den Geschichten aus *Tausendundeine Nacht* unterscheiden, die er auch gern erzählt hat. Es war wie *Ali Baba und die vierzig Räuber*: Er musste sich im Wald verstecken, dann kamen die Amis und dann ging es eben irgendwie weiter. Aber dieses ganze Grauen, nachts im Luftschutzkeller, dann die Brandbomben, die Flucht, wie er mit der zeitweilig erblindeten Mutter durch das zerbombte Frankfurt muss, wo alle zum Bahnhof drängen und er es dann über Umwege aufs Land schafft, dann das Todesurteil, das kam zwar auch alles irgendwie vor, wurde aber so in die Erzählung eingebaut, dass es für mich gar nicht richtig grausam war.

F: Für deinen Vater im Rückblick offenbar auch nicht. Vielleicht hat der das so erlebt. Vielleicht war der Krieg für ihn wirklich ein Abenteuer.

W: Es war wahrscheinlich auch eine Art Selbstschutz, das nicht an sich ranzulassen.

F: Ein Fall von kommunikativem Beschweigen, wie Hermann Lübbe das genannt hat. Man erzählt eine Menge, aber das Grauen, in das man verwickelt war, kommt nicht vor.

W: Ich würde mir nicht zutrauen, diese verschiedenen Brechungen in meiner Erinnerung genau zu analysieren, denn es gab bestimmt eine Ebene, wo ich dieses Grauen auch meinerseits als Kind nicht ganz an mich heranlassen wollte, weshalb ich dann nur die eindrucksvollen, aber in sich eher harmlosen Bilder behalten habe. Zum Beispiel dass da ein Güterwaggon liegen geblieben war, der von den Jungen aufgemacht wurde und dann waren da tausend Paar Schuhe drin, und endlich hatten alle wieder richtige Schuhe, auch wenn sie natürlich nicht gepasst haben. Oder dass man aus den Bombenresten im Garten die Wege zwischen den Beeten gepflastert hat oder in einem anderen Waggon zum Beispiel ganz viele Zigarren waren. Mit einem Mal gibt es eine Art Überfluss. Eben noch bekam man alles nur auf Zuteilung und mit Marken, und jetzt bricht das System zusammen und man partizipiert an dem Luxus, der allem Anschein nach die ganze Zeit irgendwo im Verborgenen und eben nur für Minderheiten existierte. Es kommt also zu einer Art Happy End, in das hinein ich dann geboren werde. Die Erzählungen meines Vaters sind eine Art Gründungsmythos der BRD, mit tausend Schuhen und Zigarren und Bomben zu Gartenwegen, denn irgendwann musste das Furchtbare ja einmal besiegt und überwunden worden sein. Jetzt herrschen Friede, Wohlstand und Sicherheit. Und mit einem Mal entstehen da Risse und durch diese Risse dringt das verschwiegene oder beredt verschwiegene Grauen ein. Da kommen mit einem Mal Jürgen Bartsch und der Entführer von Timo Rinnelt, und plötzlich liegt man zu Hause in seinem Kinderbett und überlegt hin und her, was passiert, wenn der Mörder kommt, ob er erst die Eltern umbringt und ob man in der Zwischenzeit vielleicht noch fliehen kann und wohin man am besten flieht. Jede Nacht vorm Einschlafen so eine Zeremonie, die mich zu Entscheidungen zwingt und unter Umständen sogar dazu, jemanden zu opfern.

F: Das wäre also deine These: Die Mörder und

Entführer der Bundesrepublik sind die Widergänger der verdrängten Gewalt?

W: Ja, und das wäre einer der typischen Topoi des Film-Noir. Jemand hat sich unter einem anderen Namen an einem abgelegenen Ort eine neue Existenz aufgebaut. Er lebt dort glücklich und zufrieden, das ist das Idyll, das wir sehen. Dann erscheint eines Tages jemand aus seiner Vergangenheit, der fährt an seiner Tankstelle vor, lässt sich den Tank füllen und erkennt ihn dabei. Das wäre für mich eine typische Szene, von der ich meine, sie in den Filmen der Vierziger-, Fünfzigerjahre zigmal gesehen zu haben.

F: Absolut.

W: Beide erkennen sich, wissen aber nicht, ob der andere einen erkannt hat und ob er weiß, dass man ihn erkannt hat. Scheinbar passiert erst einmal nichts. Der Besucher aus der Vergangenheit fährt weiter, es kehrt wieder Ruhe ein. Nach Tagen kommt dann ein Anruf oder ein Brief und dann nimmt das Grauen seinen Lauf. Man versucht, die Bedrohung aus der Vergangenheit auszuschalten und wird dadurch tatsächlich zum Mörder, der man vorher nicht unbedingt war. Man muss die neue Existenz aufgeben, die man sich mühsam erarbeitet hat. Das alles, finde ich, schwebt im Auftauchen des Verbrechens auch immer mit.

F: Wenn du das so erzählst, dann scheint Noir der alten Bundesrepublik wie auf den Leib geschnitten. Aber hat das schon damals jemand in diese dramaturgische Perspektive gerückt? Ist BRD Noir ein längst existierendes Genre? Oder kommt das erst jetzt im historischen Rückblick auf?

W: Ich würde sagen, das kann erst heute, also im Nachhinein entstehen. Das Interessante ist auch, um noch mal auf diesen Satz »Jetzt kriegen wir amerikanische Zustände« zurückzukommen, dass man sich sofort wieder als Opfer sieht.

F: Klar, das war nichts, für das man selber verantwortlich gewesen wäre. Die Moderne kam immer aus dem Westen, das gilt in Deutschland spätestens seit Napoleon. Und weil sie aus dem Westen kam, hat man sie nicht als Befreiung, sondern immer zugleich auch als Unheil und Untergang erlebt. »Amerikanische Zustände« konnten von daher nichts Gutes sein.

W: Haargenau, es kommt von außen. Wir haben doch alles so wunderbar hinbekommen, sitzen in unserer Vorstadtsiedlung, sind Demokraten, haben unser Häuschen, haben unser Wirtschaftswunder, haben unsere Fototapete. Und jetzt bricht das Grauen ein, aber das kommt von außen über den großen Teich.

## 5. *Minima Moralia*

F: Wenn ich an Rainer Werner Fassbinder oder Rolf Dieter Brinkmann denke, dann würde ich sagen: Das ist schon ziemlich Noir. Genau wie Bohrer – aber ohne die politischen Implikationen – hat Brinkmann ja ein enormes Gespür für die Hässlichkeit der BRD gehabt. Noch lieber würde ich allerdings über einen anderen Autor reden, der schon in der frühen Bundesrepublik so etwas wie BRD Noir geschrieben hat: Ich meine Adorno in seinen *Minima Moralia*. Vielleicht ist es kein Zufall, dass er aus Los Angeles zurück nach Frankfurt gekommen war. Aufgrund seiner amerikanischen Erfahrung saß er sozusagen an der Quelle. Die *Minima Moralia* sind in Los Angeles entstanden, wo er todunglücklich war, ich glaube auch, weil eine seiner Liebesaffären dort nicht funktionierte. Mit der amerikanischen Kultur konnte sich Adorno nicht abfinden, deshalb schreibt er ein Buch darüber. Die *Minima Moralia* handeln nicht vom Faschismus, sondern von der amerikanischen *affluent society*. Aber in jedem Aphorismus dringt das Böse durch, das Grauen hinter der blühenden Fassade des Kapitalismus. Genau wie in den Filmen, die zur gleichen Zeit in Hollywood entstehen. Noch während des Krieges, in den Vierzigern geschrieben und 1951 publiziert, brachte Adorno dieses Buch mit in die Bundesrepublik. Zehn Jahre lang hat das kaum jemand gelesen, bis es die Studenten entdecken und es in den frühen Sechzigerjahren dann zu einem Kultbuch wird. Zwanzig Jahre nach der Niederschrift – und obendrein in einem anderen Land – scheinen die *Minima Moralia* wie ein Schlüssel ins Schloss der jungen Bundesrepublik zu passen. Dabei sind sie von Untoten, von Zombies bevölkert, das hat Martin Mittelmeier sehr schön beschrieben. Alles, was zu leben und zu prosperieren scheint, ist in Wirklichkeit längst abgestorben. Der Spätkapitalismus als *Night of the Living Dead*. Deswegen steht »Das Leben lebt nicht« als Motto auf dem Vorsatzblatt.

W: Ja, das stimmt, aber er erinnert sich auch an das Unheimliche der eigenen deutschen Vorkriegskindheit, wenn er zum Beispiel die Stelle aus dem Schlaflied »Guten Abend, gut' Nacht« analysiert, wo es heißt »mit Näglein besteckt« und er als Kind nicht weiß, dass Näglein Gewürznelken sind, und denkt, es seien tatsächliche Nägel, sodass sich bereits im Kinderbett das Unheimliche findet. Ich habe aber erst in deinem Buch erfahren, was für eine Bedeutung die *Minima Moralia* nicht nur für Studenten, sondern für die allgemeine Durchschnittsbevölkerung der BRD hatte. Ich fand es faszinierend zu sehen, dass Adorno zum Briefkastenonkel avancieren konnte, dass Rat gesucht wurde bei ihm, dass er sich wirklich hinsetzt und alles feinsäuberlich beantwortet und dass er sich wirklich um das Wohlergehen und die Probleme der Menschen sorgt.

F: Er fühlt die Verpflichtung des universellen Intellektuellen, zu dessen Beruf es gehörte, diese Briefe zu beantworten.

W: Aber er macht das nicht als öffentlicher Mahner, sondern unauffällig im Privaten.

F: Mich hat das auch sehr überrascht. Im Adorno-Archiv in Frankfurt liegen Hunderte von Zuschriften seiner Leser und Radiohörer: Viele von Studenten natürlich, aber auch von allen möglichen anderen Leute. Ein alter Schulfreund, der ihm einen

Fehler in den *Minima Moralia* nachweist. Eine alte Dame, die wissen will, ob der *Freischütz* von Carl Maria von Weber zur E- oder zur U-Musik gehört. Oder dieser schwule Gymnasiast aus Wien, der von Adorno wissen will, ob er eine gute Zeitschrift für Homosexuelle empfehlen kann. Adorno zu schreiben, war ganz einfach, weil seine Adresse im Telefonbuch stand. Auf der einen Seite findet man die Ratsuchenden und Jünger, die in Kontakt treten wollen, und auf der anderen Seite gibt es eine Flut von Schmähschriften und Beschimpfungen. Auch ein paar Drohungen sind dabei. Dass Adorno einen Nerv traf, haben damals eben nicht nur seine Anhänger gespürt.

W: Das beschädigte Leben. Ich finde diese Verbindung, die du gerade gezogen hast, sehr interessant. Adorno schreibt die *Minima Moralia* in Los Angeles, kommt damit im Gepäck hierher und veröffentlicht sie hier. Dabei ist Adorno für mich ein durch und durch von der Provinz getragener Schriftsteller. Das ist auch das Faszinierende an seinem Werk, dass immer auch das auftaucht, was die hessische Provinz ausmacht.

F: Stimmt, der Odenwald.

W: In der Provinz findet sich für Adorno eine metaphysische Verheißung, die schon in Ortsnamen wie Otterbach, Reuenthal oder Monbrunn spürbar wird.

F: Deshalb hat er hier auch mal eine Ausnahme von seiner sonstigen politischen Zurückhaltung gemacht. 1968 erreichte ihn ein Brief aus Amorbach, einer Kleinstadt im Odenwald, in die Adorno als Jugendlicher immer in den Sommerurlaub mit seinen Eltern gefahren war. Das Mädchen aus dem Schreibwarenladen, inzwischen eine ältere Dame, bittet ihn, ein halbes Jahrhundert später, sich bei der Bezirksregierung gegen den geplanten Ausbau der Umgehungsstraße einzusetzen. Und Adorno tut das. Er setzt sich hin und schreibt einen Brief an die Politiker: »Bitte vermeiden Sie alles, was diesen einzigartigen Ort hässlicher machen könnte.« Keine Ahnung, ob er damit erfolgreich war.

W: Ja, er bleibt nicht bei einem Proust'schen Erinnern stehen, sondern verknüpft das mit realer Politik und ist sich dafür nicht zu schade, wahrscheinlich weil er das alles auch lange hat entbehren müssen und nun noch einmal wiedergefunden hat.

F: Dass Adorno emigriert war und dass er dann wiedergekommen ist, war für seine intellektuelle Wirkung in der Bundesrepublik ganz entscheidend. Die Latenz des Bösen zu beschreiben: Vielleicht konnte das nur jemand, der diese Beobachtung so ähnlich schon in den USA gemacht hatte, deren gesellschaftliche Verfassung für Adorno vom Faschismus ja nicht grundsätzlich verschieden war. Aus dem Inneren der jungen Bundesrepublik heraus konnte man das vielleicht gar nicht sehen. Anders als die DDR war die BRD nämlich nicht anti-, sondern postfaschistisch, wie Heinz Bude sagen würde, also schon von der Staatsdoktrin her programmatisch geschichtsvergessen. Ein Remigrant war nötig, um diese Konstellation von außen anzusehen.

W: Könnte man diese Noir-Parallele nicht noch weitertreiben und sagen, Adorno hat in den USA Erinnerungsarbeit leisten müssen, weil er getrennt von dem Objekt seiner Erinnerung war und auch nicht wusste, ob er es je wiedersehen würde? Dann kommt er mit diesem Hintergrund in der Bundesrepublik an und erkennt gleich, was hier gespielt wird. Er ist also der, der an der Tankstelle vorfährt, nur dass er es war, der fliehen musste, während der Tankwart einfach dageblieben ist, sich eine neue Tankstelle gebaut oder an der alten gerade mal die Hakenkreuze entfernt hat. Das ist ja ein weiterer Noir-Topos: Jemand kehrt in ein Dorf zurück, wo alle unter einer Decke stecken und ein Verbrechen vertuschen. Und es gibt doch viele Berichte von Juden, die nach '45 versucht haben, wieder in Deutschland Fuß zu fassen, es aber nicht geschafft haben, weil sie erneut die Außenseiter waren und auf eine neue Spielart des Antisemitismus gestoßen sind.

F: War Adorno für dich ein wichtiger Autor?

W: Ja, ein ganz wichtiger Autor. Adorno hat mich ganz nachhaltig angesprochen, nicht nur mit der *Minima Moralia*, sondern auch mit der *Negativen Dialektik* und natürlich der *Dialektik der Aufklärung.* Immer fließt in sein Denken die persönliche Empfindung mit ein, das Private, die Idiosynkrasie, all das, was man eher der Postmoderne zuschreiben würde. Persönliche und auch ganz assoziative Lesarten, das habe ich bei ihm gefunden, und das hat mich fasziniert. Und trotz dieser sehr ausgeformten, genauen und präzisen Sprache konnte er immer Bilder in mir hervorrufen, die eher etwas Poetisches hatten.

F: Weil Adorno nicht im Stil der systematischen Philosophie schrieb. Am ehesten noch in der *Negativen Dialektik*. Aber auch in diesem Buch wird seine Philosophie von Poesie unterwandert, was bestimmt für ihren großen Erfolg – und für den Erfolg der Gattung »Theorie« überhaupt entscheidend verantwortlich war. Immer wieder hat sich Adorno auch sehr explizit von der deutschen akademischen Philosophie abgegrenzt, die für ihn in weiten Teilen mit dem Jargon der Eigentlichkeit identisch war. Und so sind die *Minima Moralia* auch rezipiert worden. Ein Denker, der eine neue Form von Poesie erfindet, die aber nicht mehr poetisch, sondern theoretisch war. Ich glaube, Adorno war sehr erfolgreich darin, seine komplizierte Gesellschaftstheorie unter dem Deckmantel seiner poetischen Sprache einzuschmuggeln, ohne selbst Poesie zu verfassen. Ganz im Sinne seines eigenen Diktums, nach Auschwitz Gedichte zu schreiben, sei ein Akt der Barbarei. Wie bist du denn auf Adorno gestoßen? War das im Studium oder erst danach?

W: Ich habe Mitte der Siebziger angefangen, in Frankfurt Soziologie und Philosophie zu studieren, unter anderem beim Adorno-Schüler Alfred Schmidt, habe das aber nach ein paar Semestern abgebrochen, weil meine ersten Gedichte veröffentlicht wurden und ich Schriftsteller werden wollte. Eigentlich war Adorno für mich auch zwiegespalten, weil er seltsamerweise gerade in Bezug auf Musik, wo man eigentlich eher das Emotionale, Poetische vermutet, sehr kühl und theoretisch auftrat. Natürlich musste er die Wiener Schule gegen Strawinsky verteidigen und versuchen, das neue Zwölfton-Theoriegerüst der Musik entsprechend sprachlich zu untermauern. Seine musikalischen Schriften habe ich nie so richtig gemocht. Ich müsste sie mir vielleicht heute nochmal mit dem zeitlichen Abstand anschauen. Einer seiner Schüler, Volker Kriegel, bei dem ich meine erste halbakustische Gitarre gekauft habe, hat einen gewissen Kampf mit ihm ausgefochten, weil Adorno jede Form von Improvisation und damit den Jazz als solchen abgelehnt hat. So wie er auch dem gesprochenen Wort gegenüber skeptisch war, obwohl er selbst wie gedruckt gesprochen hat. Auch darin ist er der Postmoderne verwandt: Die Schrift geht der Sprache voraus. Wahrscheinlich war ihm dieses Überwältigtwerden von einem Klang oder Rhythmus suspekt, weil er gesehen hatte, was man mit dem Walkürenritt alles anstellen kann. Man kann die Theorie der Zwölftonmusik, das fällt mir gerade auf, auch als eine Art Dodekalog zur Selbstdisziplinierung lesen, Vorschriften, die verhindern sollen, dass man eine Musik schreibt, die sich ganz vom Gefühl leiten lässt.

F: Keine schlechte Idee! Bei einem anderen Adorno-Schüler, Heinz-Klaus Metzger, habe ich mal gelesen, dass er in den Sechzigerjahren die Musiktheorie der Musik selbst für überlegen hielt. Das ist der Geist der Nachkriegsmoderne: weg von der Anschauung und so weit wie möglich in die Abstraktion hinein.

W: Genau. Adornos Vorbilder Webern, Berg haben versucht, Musik anders zu fassen und Emotionen eher herauszufiltern, ähnlich wie in der abstrakten Malerei, und nicht umsonst entwirft Kandinsky auch eine Art Harmonielehre der Formen und Farben. Bei uns zu Hause diente Adorno als Kronzeuge, wenn wieder mal den Untiefen der Beatmusik der Prozess gemacht werden sollte. Das waren erste Begegnungen, als ich noch gar nicht wusste, wer das war, der dieses unansehnliche Büchlein mit dem Titel *Dissonanzen* verfasst hatte, das bei meinem Vater auf dem Schreibtisch lag. Ein programmatischer Titel für meine Pubertätskonflikte. Und dann dieser Adorno, der mich wenig später so anspricht, dass ich eine Art Sucht nach Theorie entwickelt habe. Bei mir waren es nicht die Merve-Bändchen, die kannte ich da noch nicht, sondern die Suhrkamp-Bände, die edition suhrkamp vor allem, da gab es Marcuse und Bloch, aber auch Paul Celan und Ror Wolf und dann eben die Bibliothek Suhrkamp, wo die *Minima Moralia* erschienen.

F: In den Neunzigerjahren, während meines Studiums, gehörte Adorno schon nicht mehr ins Curriculum. Was »Suhrkamp-Kultur« bedeutete, habe ich daher nur aus zweiter Hand kennengelernt. Ich erinnere mich an eine Episode, die Helmut Lethen in seinen Memoiren *Suche nach dem Handorakel* erzählt, wie er Adorno auf einem Wochenendseminar der Studienstiftung begegnet, das muss

1967 gewesen sein. Zusammen mit seinen Kumpels macht sich Lethen einen Spaß daraus, auf der Jukebox, die da rumstand, immer wieder einen Song von den Rolling Stones abzuspielen. Es ging darum, Adorno zu provozieren, der damit nichts anfangen konnte, der das im Gegenteil natürlich ganz schrecklich fand. Adornos Zwiespältigkeit, von der du sprichst, hat mit dieser bourgeoisen, kulturkonservativen Seite zu tun. Wie Rainald Goetz in den Achtzigern geschrieben hat, propagierte er ein »leninistisches Hören« nur *for the happy few*, die Schönberg wirklich verstehen können. Und das war nicht nur der elitäre Gestus von Adornos Musikverständnis, sondern der elitäre Gestus seiner Theorie überhaupt. Nur Gedanken, »die sich selbst nicht verstehen«, hielt er für wirklich bedenkenswert. Der Bruch mit dem *Common Sense* oder der Flug über den Wolken, wie es dann später bei Niklas Luhmann hieß, machte seither den Reiz dieser Texte für Generationen von Theorielesern aus. Ich glaube, man muss diesen Gestus in den Kontext der Nachkriegsmoderne einordnen, auch wenn er selbst natürlich älter ist. Aber das Gebot zur Abstraktion und zur Verkomplizierung wurde für die Intellektuellen erst jetzt eine allgemeine Verbindlichkeit. Da konnte man gerade aus linker Perspektive natürlich auch strikt dagegen sein. So wie Perry Anderson, der Herausgeber der Londoner *New Left Review* zum Beispiel, der den »westlichen Marxismus« inklusive Louis Althusser und Frankfurter Schule für eine Form der Resignation, für eine

Flucht aus der Sphäre des Politischen hielt. Stattdessen, schrieb Anderson, spielte man folgenlose Gedankenspiele, weit weg von den Anforderungen der realen Politik.

W: Als folgenlose Gedankenspiele habe ich die Theorie damals nicht empfunden, eher als Verheißung, als Möglichkeit, dem eingekastelten Leben und natürlich der Provinz zu entkommen. Denn nachdem die Pfarr- und Stadtteilbibliotheken quasi leergelesen waren, musste ich in die Stadt nach Wiesbaden fahren, wo sich ein neues, aktuelles Feld eröffnete. Da fand ich meinen ersten Peter Handke, den ich mir kaufte und den ich nicht verstand und von dem ich fasziniert war, weil ich ihn nicht verstand: *Begrüßung des Aufsichtsrats.* Ich war also bereits da ein Leser ganz im Sinne Adornos und vor allem von Texten begeistert, »die sich nicht selbst verstehen«, Texte, die sich ausprobierten, eher im Sinne Heißenbüttels. Ich habe nicht gesagt, das ist jetzt Theorie und das ist Lyrik – ich spitze das jetzt ein bisschen zu –, sondern habe einfach geschaut, was gibt es da. Und diese Unverständlichkeit, die mir in der Literatur entgegenkam, und diese auf andere Weise unverständliche Theorie waren für mich beides absolute Momente der Verheißung: Ich begreife es nicht, spüre aber, dass da etwas drinsteckt. Das hat mich überhaupt zum Lesen gebracht. Ich glaube, dass es so einen Punkt geben muss, der einen vom kindlichen Lesen, dem Schneider Jugendbuch, den Heftchen oder was auch immer zum erwachsenen Lesen führt. Dass man beim Lesen bleibt, wie man auch beim Musikhören bleiben muss. Es gibt ja viele, die irgendwann mit dem Musikhören aufhören, weil sie meinen, erwachsen zu sein, oder mit dem Lesen, wenn sie mit dem Studium fertig sind. Damit man dranbleibt, braucht es eine Form der Verheißung.

F: Genau das war ja Siegfried Unselds Idee mit der edition suhrkamp, dass man Literatur und Theorie in einer Reihe verlegen, dass man mit ihnen auf unterschiedliche Weise dieselbe Botschaft verbreiten kann. Und Teil dieser Botschaft war für dich ihre Unverständlichkeit. Ich glaube, dass das vielen Lesern damals genauso ging. Die Nachkriegsmoderne war ein Überforderungsprojekt.

## *6. Terror der Theorie*

F: Einer der Rezensenten deines Buches hat von der »rosaroten Beatles-Brille« geschrieben, durch die der Protagonist, der Teenager, auf die Zeitläufe blickt. Für mich war dagegen die Dunkelheit der viel stärkere Leseeindruck. Spätestens wenn man zum dritten Mal auf eine dieser Dickwurze stößt, die wie fahle Kinderköpfe im Wasser treiben, fühlt man sich in einer dunklen, ja sogar albtraumhaften Welt. Der Pop ist auch wichtig, aber er spielt sich nur vor diesem düsteren Hintergrund ab. Wie hängt denn das eine mit dem anderen zusammen? Haben sich diese Erfahrungen gegenseitig bedingt?

W: Das entspricht genau meiner Erinnerung an

damals. Der Pop war eher so etwas wie ein Lichtstrahl, der in diese Düsternis einbricht. Die Grundstimmung ist grau, und auf diesem provinziellen Grau der Provinz tauchen einzelne Farbkleckse auf, zum einen das aus Amerika importierte Noir des Verbrechens, zum anderen die Schockfarben, wie sie damals genannt wurden, des Pop: knallige Frottee-Socken, Knautschlack, psychedelische Farbspiele. Dennoch sehe ich die Sechzigerjahre eher wie einen dieser mit Computer bearbeiteten Filme, wo alles in Schwarz-Weiß ist und nur einer mit roten Schuhen herumläuft. Das Bunte fiel sofort auf, weil es sich vor dem grauen Hintergrund abhob und deutlich abzeichnete. Was es mich für einen Kampf kostete, meine Lieblingsfrotteesocken tragen zu dürfen, knallgelb mit roten und silbernen Streifen, oder meinen breiten Elastikgürtel, auch gestreift, oder diese Twin-Sets, die man trug. Und das alles hatte anfänglich noch gar nicht diese Abscheulichkeit, wie sie in den Siebzigern Mode wurde, sondern leuchtete verheißungsvoll aus dem Grau heraus, wurde aber sehr schnell auch wieder von einem anderen Grau übermalt, nämlich dem Grau der bleiernen Zeit, das sich über das alles legte, bevor es überhaupt richtig entstehen konnte. Ich hatte nämlich keinen *Summer of Love*, kein Hippietum, sondern war, kaum dass ich mir die Haare lang wachsen lassen durfte, kaum dass ich mich farblich etwas gegen die Provinz und das Grau und Noir absetzen konnte, im bleiernen Grau der RAF und der Gewaltfrage gefangen.

F: Als du an den Punkt gekommen warst, wo du hättest partizipieren können an der großen Aufbruchsstimmung, an der Idee, dass vielleicht doch etwas ganz anderes möglich ist, war die Euphorie in gewisser Weise schon wieder vorbei.

W: Ich empfinde sogar eine Art von Wut, wenn ich dann in deinem Buch lese, wie es für die älteren Brüder in Berlin und den Großstädten war. Erst drängen sie einem diese ewigen Diskussionen auf, dann entdecken sie mit einem Mal den Hedonismus, während ich immer irgendwie hinterherhetze und alles verpasse, was irgendwie mit Genuss und Leichtigkeit zu tun hat. Während ich noch in den Kapital- und Hegelschulungen sitze, sagen die dann plötzlich: Lies doch den *Anti-Ödipus* mal so, wie du eine Platte hörst. Wie? Das sagt ihr mir jetzt, wo ich immer dachte, ich darf meine Platten nur noch heimlich hören?

F: Waren das die Oberstufler, von denen in deinem Buch so viel die Rede ist?

W: Ja, natürlich. Ich weiß noch genau, als ich nach dem Abitur in Bad Soden Zivildienst gemacht habe, da traf ich auf diese Oberstufler, die inzwischen Studenten waren. Die haben dann zu mir gesagt: Komm doch mal mit an die Uni nach Frankfurt, da gibt es Kapitalschulungen. Und ich fand natürlich ganz toll, dass die mich überhaupt angesprochen haben. Und wenn man in der Kapitalschulung war, dann schloss sich die Hegelschulung quasi automatisch an, war eigentlich eine Vorbedingung.

F: Wegen solcher Erfahrungen hat der Historiker Reinhard Mohr – übrigens auch Jahrgang 1955 – für eure Generation den Begriff der »Zaungäste« vorgeschlagen. Man eifert den Großen nach und schafft es doch nie, ganz ranzukommen. Es ist immer schwierig aufzuwachsen, wenn vor einem, quasi in der Sonne, eine etwas ältere, große Jungendbewegung steht. Ich glaube, damit hatten auch die deutschen Romantiker um 1800 zu tun, denn Sturm und Drang, Goethe und Schiller, das spielte sich ja alles vor ihren Augen ab. Und in Frankreich die Revolution. Versuch mal, das zu überbieten. Das wirkt inspirierend, setzt die Jüngeren aber auch einem enormen Legitimationsdruck aus. Für uns war das anders. Die Achtundsechziger waren ja unsere Elterngeneration. Die konnte man idiotisch finden und selbst wieder viel zwangloser bürgerlich sein.

W: Ich bin von einem Legitimationszwang in den anderen gerutscht. Erst hieß es: Warum willst du dir die Haare wachsen lassen? Warum hörst du diese Beat-Musik? Warum trägst du diese Frottee-Socken und Shake-Hosen? Kaum hat man sich davon befreit, hieß es mit einem Mal: Wie kannst du denn noch Gedichte lesen, geschweige denn schreiben? Warum gehst du nicht nach Rüsselsheim und agitierst die Opel-Arbeiter? Warum machst du nicht etwas Sinnvolles, anstatt immer nur deinen Handke zu lesen? Ich erinnere mich noch genau an eine Diskussion zwischen Franz Xaver Kroetz und Peter Handke im Fernsehen, wo Kroetz Handke tatsächlich vorwirft, dass er nichts Sinnvolles mit seiner Literatur macht und dass er anstatt zu schreiben, lieber an einer Tankstelle arbeiten solle. Ich meine, dass Kroetz wirklich Tankstelle gesagt hat, was natürlich wunderbar zum Noir passt, andererseits so ein typisch hirnrissiges Argument ist, wie bei Leuten, die im Urlaub wie Steinzeitmenschen leben, als könnte man auf diese Art eine andere Lebensweise nachempfinden. Aber Kroetz hatte damals diese Arroganz des DKPlers, die mich auch gegen ihn aufgebracht hat, weil es zu dieser Arroganz gehört, dann irgendwann eine Art Kehrtwendung zu machen, eine Form von Hedonismus zu entdecken und dann Pfeife rauchend selbst eine Talkshow zu moderieren oder als Baby Schimmerlos der Gegenseite das Gesicht zu leihen. Da hat es mich richtig durchzuckt, weil ich gedacht habe, zum Glück bin ich bei meinem Handke geblieben. Denn ich hätte ihn für einen aufgegeben, der sich noch nicht mal an seinem eigenen Gerede misst. Aber so etwas konnte mich damals verunsichern.

F: In einem Merve-Reader von 1979 sprach Jean-François Lyotard vom »Terror der Theorie«. Einer seiner Vorschläge, um diesem Terror zu entkommen, lautete: Wir machen ab jetzt Theorie-Parodie. Das hat die Neue Frankfurter Schule dann wörtlich genommen, Eckhard Henscheid mit seinen Adorno-Anekdoten. Für dich war der Ausweg die Literatur. Allerdings hätte da ja sofort ein neuer Legitimationsdruck entstehen können. Ich stelle mir eine Szene junger Lyriker vor, die sich in der Teestube des örtlichen Gemeindehauses ihre Gedichte vorlesen …

W: Theorie-Parodie finde ich ein interessantes Konzept, das ich bislang noch nicht kannte. In gewissem Sinne fließt so etwas immer wieder in mein Schreiben mit ein. Ich würde es vielleicht nicht direkt als Parodie bezeichnen, sondern vielleicht eher als eine literarische Umsetzung von Theorie, eine Art Überprüfung, ob sich mit Theorie auch erzählerisch etwas anfangen lässt. Aber am Anfang schrieb ich erst einmal Gedichte und veröffentlichte mit gerade mal 23 meinen ersten Lyrikband, natürlich damals, 1978, mit einem langen Stammheim-Gedicht. Aber es gab auch ein Gedicht, da beschreibe ich dieses Zaungasthafte, von dem du gesprochen hast. Da heißt es dann zum Beispiel in radikaler Kleinschreibung: »nie in der mitte der bewegung gestanden, nie ohne bundeswehr und KPD-verbot gelebt, kein kind von Marx und Coca Cola« und so weiter. Das wurde dann sogar im Spiegel zitiert, wo man mich als Traumstadt-Lyriker bezeichnete, weil Traumstadt eine der vielen Alternativzeitungen war, die das Gedicht abgedruckt hatten. Und dann hat es Rowohlt in eine Anthologie übernommen, die hieß *Anders als die Blumenkinder*, aber bereits da habe ich mich auch schon wieder nicht richtig zugehörig gefühlt.

# 7. RAF I

F: Die Literatur diente dir als Mittel, um dem Zwang zum Politisieren zu entfliehen. Dein Thema, vom ersten Stammheim-Gedicht bis zu deinem letzten Roman, blieb aber trotz allem offenbar die RAF. Wie verhalten sich die Terroristen denn zu den anderen Verbrechertypen in der Bundesrepublik? Wir haben über Mörder und Entführer gesprochen. Ich erinnere mich, dass es in den Siebzigerjahren aber auch eine Welle von Bankrauben gab. Die Sparkassen-Filiale in Göttingen-Nikolausberg wurde in meiner Kindheit ungefähr dreimal ausgeraubt. Die Täter flohen auf einem Motorrad und hatten die Visiere ihrer Helme mit schwarzem Gewebeband von Tesa abgeklebt. Waren das Gangster, die die Terroristen imitierten? Oder warum sonst war der Bankraub in den Siebzigerjahren auf einmal so en vogue?

W: Da gibt es, glaube ich, tatsächlich eine komische Gemengelage. Ich erinnere mich an diesen Henry Jaeger, der kam aus der Kriegsgefangenschaft in seine Heimatstadt Frankfurt zurück, konnte aber nicht richtig Fuß fassen und gründete dann Anfang der Fünfziger die Jaeger-Bande, mit der er alle möglichen Raubüberfälle ausführte, und zwar durchaus auf amerikanische Art, also mit Einsatz von Schusswaffen. Er wurde geschnappt, kam ins Zuchthaus, fing dort zu schreiben an und hatte mit seinen Romanen Erfolg, sodass er, glaube ich, auch frühzeitig entlassen wurde und als Reporter bei der Frankfurter Rundschau anfing. Da wird die eigene Biografie noch einmal anders reflektiert und interpretiert. Ähnlich wie Jacques Mesrine, der als gewöhnlicher Verbrecher anfängt, dann mit einem Mal merkt, dass das, was er da macht, auch eine gesellschaftliche Komponente hat. Er politisiert sich also und macht dasselbe nur mit anderen Vorzeichen weiter. Dadurch entfalten seine Taten eine andere Wirkung, er bekommt einen Sympathisantenkreis, wird aber entsprechend als Staatsfeind Nummer eins gejagt und am Ende dann auch erschossen. Dennoch bleiben diese Gestalten zweifelhaft, weil das Politische immer auch eine Ausrede sein kann, um die eigene Kriminalität zu rechtfertigen.

F: Das klingt so ähnlich wie bei Andreas Baader, der zwar kein Krimineller, aber ein Schulabbrecher und Gammler war. Dann ging er nach Berlin, begegnete den Kommunarden und Gudrun Ensslin und so weiter und begann seine Attitüde als politischen Widerstand aufzuziehen. Erst 1968, als er zum ersten Mal im Gefängnis saß, hat Baader angefangen, Theorie zu lesen. Er bat seine Bekannten und seinen Anwalt, ihm Bücher in den Knast zu schicken. Aber welche Rolle spielt die RAF in deinem Roman, der sie immerhin im Titel führt? An welchem Ende des Farbenspektrums haben wir die Terroristen einzuordnen? Auf der Pop-Seite, bei den lässigen Oberstuflern, oder, so wie du es jetzt eher darstellst, als eine neue Variante der Bedrückung, durch die die Aufbruchsstimmung der späten Sechzigerjahre zum Erliegen kam?

W: Wenn es einen Punkt gab, wo die RAF Berührungspunkte mit dem Bunten des Pop hatte, dann eigentlich nur in dem Jahr vor ihrer eigentlichen Gründung. 1969 hatten die Kaufhausbrände bereits stattgefunden, und Baader, Proll, Söhnlein und Ensslin erwarten ihren Prozess, sind aber auf freiem Fuß und fahren nach Paris. Von dort stammen diese bekannten Fotos, die eine gewisse Pop-Affinität haben. Da sitzen sie im Café, sind gut gelaunt, so wie auch später noch beim Prozess, wo sie sich Zigarren anzünden und alles unter diesem lockeren Motto steht, das Fritz Teufel später gegenüber dem Gericht formuliert hat: »Wenn es der Wahrheitsfindung dient.« Man steht ein bisschen über den Dingen, zieht das durch, denunziert es als Schauprozess und macht eine Party daraus.

F: Die große kreisrunde Sonnenbrille, die Andreas Baader im Gerichtssaal in Frankfurt trägt, fand ich immer sehr beeindruckend.

W: Diese Bilder und die aus dem Café de Flore in Paris hatten einen Hauch von Bohème. Wenn es irgendwann mal einen Zeitraum gab, wo man hätte denken können, dass sich hier eine gesellschaftliche Alternative eröffnet, dann war das in dieser Phase bis zur Befreiung Andreas Baaders aus dem Deutschen Zentralinstitut für soziale Fragen, und da waren sie meinetwegen auch Pop-Gestalten. Also in der Zeit, bevor sich der Verein einen Namen gibt und die Kriminalisierung richtig beginnt, durch den Untergrund und die Notwendigkeit, sich Geld und Waffen zu beschaffen. Ich würde den Interpretationsansätzen jüngerer Generationen, die vor allem den Pop in der RAF sehen – Stichwort Prada-Meinhof –, ansonsten nicht zustimmen.

F: Gab es bei der Baader-Befreiung nicht auch den ersten Toten?

W: Das war der erste Einsatz von Schusswaffen gegen Menschen. Zwei Wachbeamte werden lebensgefährlich verletzt, überleben aber. Der erste Tote war der Polizist Norbert Schmid im Oktober 1971 in Hamburg.

F: Solange die nur ein Kaufhaus anzünden wollten, gab es ein Stadium der Unschuld bei der RAF, das in den frühen Siebzigerjahren aber endete. Hast du das damals, mit 13, 14, so empfunden, oder ist das eine nachträgliche Perspektive? Denn die Bilder aus dem Café de Flore, die waren ja sicher nicht in der Tagesschau zu sehen.

W: Nein, diese Bilder tauchen erst im Nachhinein auf. Die Erinnerungen an damals sind schon ein eher ungeordnetes und anachronistisches Konglomerat. Deshalb finde ich es auch so wichtig, immer wieder aufs Neue zu versuchen, sich der Vergangenheit mit verschiedenen Erklärungsansätzen zu nähern.

## *8. Der ästhetische Rest der Aufklärung*

F: Nochmal zurück zum Verhältnis von Terrorist und Mörder: Gehört auch die RAF in die Geschichte der verdrängten, latenten Gewalt in der Bundesrepublik?

W: Ich glaube, man müsste da den Mörder noch ein bisschen genauer fassen. Der Mörder, vor dem du und ich besondere Angst hatten, war das, was man als Triebtäter bezeichnet hat. Jemand, der nicht zurechnungsfähig ist und seinem Trieb völlig ausgeliefert. Bei seiner Beschreibung kamen immer auch seltsame Metaphern mit ins Spiel. Die Opfer des Triebtäters waren immer »zugerichtet« worden, und ich wusste nie genau, was das bedeutet. Eigentlich weiß ich es heute immer noch nicht und muss regelmäßig stutzen, wenn etwa gesagt wird, dass in Indien oder irgendwo eine Massenvergewaltigung stattgefunden hat, bei der das Opfer ums Leben kam. Da besteht für mich eine Lücke, in der etwas nicht ausgesprochen wird. Damals als Jugendlicher, ohne eine genaue Vorstellung davon, wie der Sexualakt genau funktioniert, bekam dadurch die ganze Sexualität etwas Bedrohliches. Dieser Triebtäter, der anscheinend durch den Sexualakt selbst die Frauen oder Kinder tötet. Es wurde ja meistens nicht gesagt, dass er sie noch erdrosselt, erwürgt oder ersticht, sondern es reichte, dass er sie vergewaltigte. Sie starben durch die Vergewaltigung, waren durch den triebhaft ausgeführten Sexualakt zugerichtet und tot. Gerade durch diese ungenaue Beschreibung wurde etwas in mir ausgelöst, das mir zuvor im Beichtspiegel begegnet war, in dem einem auch Sünden präsentiert wurden, an die man selbst noch gar nicht gedacht hatte, einfach weil man noch zu kindlich und naiv ist. Man geht mit zehn zur Kommunion, das heißt man hat den Kommunionsunterricht mit neun, da ist einem Sexualität noch nicht bewusst.

F: Interessant: Die Beichte als Quelle der Inspiration für Sünden, auf die man selber noch gar nicht gekommen war.

W: Gleichzeitig wird dieses Fehlverhalten aber immer nur ungenau und vernebelt angedeutet. Alles ist unscharf, die Vergangenheit und die Gegenwart. Nur die Zukunftsprognosen, die sind immer ganz konkret, z. B. dass man sich nur noch mit Pillen ernährt und mit einem Hovercraft zur Arbeit schwebt und so weiter. Alles andere ist in ein diffuses Grau bis Noir getaucht, je nach Abstufung der Grau-samkeit. Und dann entstehen diese Fantasien, weil man es sich als Kind nicht so einfach wegerklären kann wie ein Erwachsener, was da passiert bei so einem Triebtäter. Die Erwachsenen wissen das natürlich genauso wenig, weil auch sie immer nur mit Andeutungen zu tun haben. Und gleichzeitig droht die Gefahr, dass man in dem Moment, in dem man das Andeutungshafte verlässt, allein durch das Wissen-Wollen, eine Schranke durchbricht und selbst zum Triebtäter wird. Deshalb verharrt alles in der Andeutung. Aber die Andeutung ist viel stärker als das explizit Dargestellte. Dass man nur zwei Schuhe sieht nach einem Mord oder einen, das wirkt viel bedrohlicher als wenn man wie heute einen aufgeschnittenen Körper und Blutlachen zeigt, weil diese Bilder eher den Ekel transportieren, aber nicht das Grauen.

F: Das Grauen bleibt immer latent. Das darf niemals explizit werden. Auf der anderen Seite wird dein Buch dann aber wiederum auch sehr anschaulich. Eines der Stilmittel, das du häufig verwendest, ist die Schilderung drastischer Szenen, von denen die meisten in der Imagination des jugendlichen Protagonisten spielen. Wenn er sich ausmalt, wie der Entführer seine Eltern umbringt, sodass er selbst entkommen kann, oder wie ihm die Fingerkuppen abgeschnitten werden, weil er damit im weichen Kopf seines toten Babybruders steckengeblieben ist, und wie er daraufhin mit seinen verstümmelten Fingern in der Schule geächtet wird und auf dem Pausenhof in der Ecke mit dem Stotterer und dem Wasserkopf stehen muss: Darauf muss man erstmal kommen. Das erinnert teilweise an einen Splatterfilm.

W: In der Drastik liegt auch ein befreiendes Element, weil ich den Bereich der Andeutung verlasse, mich nicht mehr von unterschiedlichen Fantasien quälen lasse, sondern etwas ganz konkret bis zum Ende durchspiele. Es ist aber keine Grausamkeit um ihrer selbst willen, was ich eher mit Splatter verbinden würde. In gewisser Weise ist es beruhigender, etwas in aller Drastik zu benennen. Man sagt: Okay, die Fingerkuppen sind dann ab, und ich kann mein Schulbrot nicht mehr selbst aufklappen und weiß nicht, was überhaupt drauf ist. Aber gerade weil man es in aller Deutlichkeit benennt, kann man es wieder an die eigene Realität anschließen; man umgeht mithilfe der Drastik das Unheimliche und kehrt zur eigenen Realität zurück, die sich mit solchen trivialen Fragen beschäftigt, wie damit, was auf dem Pausenbrot ist.

F: Im Zweifel war Teewurst drauf. Es gibt dieses Buch von Dietmar Dath, *Die salzweißen Augen*, in dem er versucht, eine Theorie der Drastik zu entwickeln. Der Text mäandert lange hin und her, um schließlich in einen schönen Satz zu münden, den man sich wunderbar merken kann: Drastik ist der ästhetische Rest der Aufklärung, nachdem sie politisch gescheitert ist. Alle Verschleierungen und Mystifikationen in einer Welt, die immer noch voller Gewaltverhältnisse ist, werden hier nämlich auf brutalste Weise fortgezogen bzw. aufgelöst.

W: Ja, das kommt in meinem Roman noch an einer anderen Stelle vor, in einer Szene, die in Südamerika in den Fünfzigern spielt, wo ein Mann Aktfotos von Frauen verkauft und das als einen Akt der Aufklärung versteht, weil er damit die Fantasie der Männer davon befreit, sich unter den Korsettagen und Hemdchen irgendetwas Komplexes imaginieren zu müssen, während die Nacktheit völlig unspektakulär ist. So ist das auch mit dem Trieb, der unausgesprochen und unbeschrieben zu einer riesigen Bedrohung aufgebläht wurde. Und andererseits hieß es im vulgärpsychologischen Vokabular der Sechziger, dass der Trieb etwas ganz normales ist, sich entwickeln muss und soll und so weiter. Das waren aber nur fromme Sprüche, denn man lernte den Trieb zuerst durch die Triebstörung kennen, durch eine Bedrohung, die vom Trieb ausging. Also hat man sich als Jugendlicher gefragt: Bin ich unter

Umständen auch ein Triebtäter? Wenn mein Trieb erwacht, sterben dann am Ende unter mir auch die Frauen weg? Und mit dieser Vermutung, dass man selbst auch Täter sein könnte, stand man auf gewisse Weise recht konträr zu der jungen Republik, die jegliche Täterschaft abstritt und nach außen projizierte, die sich eher als eine Republik der Opfer sah. Selbst wenn Kinder entführt werden, sind es amerikanische Zustände, die importiert wurden. Der Jugendliche in meinem Roman aber sieht sich eher als potenzieller Täter, weil er die gesellschaftliche Ausgrenzung des Bösen auf sich bezieht und annimmt, quasi als Sündenbock.

F: Er ist vom Bösen bedroht und angesteckt.

W: Ja, und das macht ihm Angst, weshalb ihm auch diese im Beichtspiegel aufgezählten Sünden banal erscheinen. Dahinter kann sich für ihn unmöglich das Grauen verbergen. Dieser große und allmächtige Gott, der fragt dann mit einem Mal: Hast du in der Messe die Gebete nur geplappert? So etwas soll diesen Gott interessieren? Das kann einfach nicht sein. Deshalb sucht er nach den wirklichen Sünden und schaut im erwachsenen Beichtspiegel nach, aber da wird auch eben nur alles angedeutet, was ihn noch mehr verunsichert. Und so entsteht die Vermutung, dass es dieser ominöse Trieb ist, der einen ins wirkliche Verderben reißt.

## 9. *Banalität des Bösen*

F: Frei nach Hannah Arendt: die Banalität des Bösen, soweit es im Beichtspiegel stand. Auf das Böse in seiner latenten Form scheint das nicht zuzutreffen. Das war nämlich nicht banal.

W: Überhaupt nicht. Vielleicht weil Arendt wie Adorno aus den USA kam und registrierte, dass das ganze Grauen in der neuen Bundesrepublik verdrängt wurde: Man selbst war nicht beteiligt und die anderen waren Kranke und Verführte, während Hannah Arendt sagt, diese Mörder, das waren Familienväter, wie es Tausende und Millionen gibt, die haben ihren Schäferhund geliebt und ihren Kindern über den Kopf gestreichelt.

F: Bei ihren Besuchen in der jungen Bundesrepublik beobachtete Hannah Arendt, wie teilnahmslos die deutsche Bevölkerung ihrer jüngsten Vergangenheit gegenüber war. Das einzige, worüber gesprochen wurde, waren die Opfer auf deutscher Seite. In dieses Schema fügte sich dann einige Jahre später vielleicht auch der Grusel vor Kinderschändern und Serienmördern wie Jürgen Bartsch oder Fritz Honka ein. Laut *Bild Zeitung* bildete sich Honka in seiner Nachtwächteruniform übrigens ein, ein SS-Mann zu sein.

W: So gesehen war Eichmann das Gegenteil von Figuren wie Honka oder Bartsch, der als Prototyp des Triebtäters in die Nachkriegsgeschichte eingeht, obwohl natürlich auch hier diese erschreckende Banalität zu finden ist. Bartsch wird als uneheliches

Kind nach Kriegsende geboren. Die Mutter stirbt, und ein Ehepaar, das keine Kinder bekommen kann, adoptiert ihn. Die halten ihn erstmal jahrelang im Keller eingesperrt, angeblich, weil sie Angst hatten, dass er draußen von seiner Adoption erfährt. Schon allein das hat natürlich einen stark symbolischen Charakter für die BRD: das Verschweigen der wirklichen Herkunft. Die Mutter hat einen Sauberkeitswahn, wäscht und badet Bartsch noch bis zu seiner Verhaftung. Man muss sich das vorstellen: Nachdem er wieder einen Jungen umgebracht hat, geht er nach Hause und wird von der Adoptivmutter in der Badewanne abgeschrubbt. Davor stecken sie ihn in alle möglichen Heime, kein Heim ist ihnen streng genug. Interessant auch, dass das Gericht erst nach sieben Jahren der Adoption zustimmt, aber nicht etwa weil sie an den Eltern zweifeln und diese nochmal überprüfen wollen, sondern weil Bartsch ein uneheliches Kind war, seine »Herkunft« nicht genau geklärt, also eine Argumentation noch ganz im Denken der Nazis. Bartsch fängt dann eine Metzgerlehre an und wird schon bald auffällig, weil er Kinder quält. Er ist selbst erst fünfzehn. Obwohl es zu einer Anklage kommt, wird das nicht weiter verfolgt und so lockt er immer wieder Jungen in einen alten Luftschutzbunker, zwingt sie, ihn zu befriedigen, bringt sie anschließend um und zerstückelt die Leichen. Schließlich wird er gefasst und als völlig zurechnungsfähig zu lebenslangem Zuchthaus verurteilt. Er will sich einer Gehirnoperation unterziehen lassen, aber das wird abgelehnt, schließlich stimmt er einer Kastration zu und stirbt bei der Operation, weil der Arzt die Narkosemittel verwechselt.

F: Wenn ich richtig sehe, war er damals schon berühmt, nicht nur wegen des großen Medieninteresses, sondern auch wegen eines auf Briefen beruhenden Selbstportraits, das Anfang der Siebzigerjahre als Buch erschienen war. Nach seinem Tod folgten diverse Verfilmungen und sogar ein Theaterstück.

W: Wahrscheinlich, weil dieser Fall gleichzeitig etwas tief Symbolisches und doch Banales hat. Und während Hannah Arendt in Jerusalem beim Eichmann-Prozess sitzt und den als »realitätsfernen und fantasielosen Hanswurst« beschreibt, begeht Bartsch in der BRD seine Taten. Was Arendt damit oder mit der Ideologie der Sachlichkeit sagen will, markiert einen wichtigen Punkt, weil sie damit gegen die Darstellung des Bösen als dem Anderen vorgeht. Es wäre aber falsch zu sagen, dass diesem Bösen, weil es banal ist, jede Form von Drastik und Grausamkeit fehlt. Denn so wurde und wird ihr Satz auch immer wieder uminterpretiert, also erneut als eine Form der Entlastung benutzt, nach dem Motto: Es war ja gar nicht so schlimm, weil es so banal war. Es sind dann nicht mehr banale Menschen, die etwas Grauenhaftes begehen, sondern das Grauenhafte ist selbst banal. Und so hat es Arendt garantiert nicht gemeint.

F: Aber du würdest sagen, das Böse im Sinne Arendts als banal zu beschreiben, dafür gab es im Psychohaushalt der Bundesrepublik sozusagen keinen Platz. Analog zu dem, worüber wir vorhin geredet haben, dass auch BRD Noir, als ein Schema, in dem gut und böse kaum noch zu trennen sind, im Grunde erst eine nachträgliche Perspektive ist. Dagegen liefen die Narrative der Bundesrepublik darauf hinaus, das Böse ins Krankhafte, Pathologische oder gleich nach Amerika auszulagern.

W: Das hat sich doch auch heute noch nicht geändert. Die Katastrophe kommt meist von außen und Ursachen der Bedrohung werden in der Regel außen bekämpft. Das konnte man gerade Anfang Dezember 2015 wieder beobachten, als der Bundestag mit großer Mehrheit für einen Bundeswehreinsatz in Syrien gestimmt hat, um angeblich dort den IS zu bekämpfen. Ich würde behaupten, dass jeder weiß, dass so ein Einsatz nichts bringt und der IS dadurch weder eingeschüchtert noch besiegt wird. Man schafft sogar im Gegenteil eine Legitimierung für den IS, weil man schon jetzt voraussagen kann, dass durch die Bombardierung unschuldige Zivilisten getroffen werden und das Unrecht nicht vermindert, sondern vergrößert wird. Und obwohl man das alles weiß, gehen die Abgeordneten zu den Urnen und stimmen dafür. Der Konflikt muss einfach außerhalb sein, da können noch so viele Experten sagen: Das waren französische Staatsbürger oder belgische, das ist ein Konflikt der innerhalb unserer Gesellschaft stattfindet.

F: Okay, deswegen war Platon gegen die Demokratie. Weil in der Demokratie immer sofort reagiert werden muss, genau so wie nach 9/11, auch gegen jeden kühlen politischen Sachverstand. Wahrscheinlich können es sich demokratische Gesellschaften unter Bedingungen von Massenmedien nicht erlauben, auf solche Schritte zu verzichten.

W: Für die Medien war Jürgen Bartsch natürlich ein Geschenk. Weil er auch im Gefängnis weiter Mordfantasien hatte, bat er erst um eine Gehirnoperation und dann um Kastration. Der Kranke, der operiert wird, das knüpft an die Tradition des »unwerten Lebens« an. Das Tolle bei Bartsch war, dass jemand selbst darum bittet. Da passt das, was Hitler über Otto Weininger gesagt hat: Das war wenigstens ein Jude, der hat's kapiert. Der hat seine Situation analysiert und dann die einzig richtige Schlussfolgerung daraus gezogen und sich umgebracht. Also, Hochachtung. Vor diesem Juden zieht Hitler den Hut. Und so ist es auch bei Bartsch, vor dem wir den Hut ziehen. Allerdings ist er dann bei dieser Operation komischerweise draufgegangen.

F: Kurz davor hatte er noch geheiratet …

W: Aber selbst diese Ehe wird nach außen hin von der Ideologie der Sachlichkeit getragen, denn die Krankenschwester, die Bartsch geheiratet hat, gibt als Grund für die Eheschließung an, dass sie als Verheiratete leichter mit Ärzten und Behörden in Kontakt treten kann. Und wahrscheinlich ist das ein ganz wichtiger Topos des Grauens, dass es sich nach außen hin völlig normal gibt und immer ganz logische und zwingende Umstände benennen kann. Da geht es dann nicht mehr um die Frage, weshalb eine Sechzehnjährige anfängt, einen Kindermörder jahrelang mit Briefen zu bombardieren, bis der dann schließlich einwilligt, sie zu heiraten, sondern nur noch darum, wie man am sinnvollsten den ganzen Papierkram erledigt. Dabei ist das natürlich ein Bild von mythologischem Ausmaß: die Frau, die sich mit dem Kindsmörder einlässt. Man unterstellt der Frau, weil sie selbst Kinder zur Welt bringt, normalerweise eine Art Reflex, Kinder zu schützen. Und der wird mit einem Mal außer Kraft gesetzt. Da ist dann wieder dieser Trieb verantwortlich, und damit sind wir wieder beim Noir, denn dort taucht ebenfalls regelmäßig die Frau auf, die das Verderben sucht oder das Verderben bringt: die Femme fatale, mit der das Unerwartete in die geordnete Welt einbricht. Da steht eine Frau im Gegenlicht in der Tür, und von da an begeht der Held eine Dummheit nach der anderen, stellt seine ganze Existenz aufs Spiel und wird schließlich zum Mörder.

F: Mit ihrer bedrohlichen Sexualität stellt diese Frau vielleicht so etwas wie das weibliche Pendant zum Triebtäter dar. Sagte man in der Bundesrepublik nicht aber eher »Nymphomanin« dazu? Die Frau von Edeka an der Käsetheke, die die Männer im Dorf verführt …

W: Es gab diesen Topos der Nymphomanin. Aber auch der wurde nur in Andeutungen dargestellt, weil die Gesellschaft entsprechend verklemmt war, aber auch weil die Filme durch die Zensur mussten. Und die Zensur hat ja immer das Zwiespältige, dass sie unterdrückt, aber gleichzeitig die Fantasie anheizt. Das klassische Beispiel ist die Verführungsszene in der *Reifeprüfung* mit Dustin Hoffman, wo man nur das bestrumpfte Bein im Vordergrund sieht. Dabei war die Darstellung von Mrs. Robinson schon recht explizit im Verhältnis zu den Fünfzigerjahren, wo man unter Umständen nur eine völlig bekleidete Silhouette gesehen hat und gar nicht wusste, warum sich der Mann anschließend zum Narren macht und ruiniert. Das wird nie so direkt benannt oder gezeigt wie meinetwegen später in *Basic Instinct*. Das Direkte hat immer den Nachteil, dass der Zuschauer auf eine Prämisse eingehen muss. Wenn einem Sharon Stone nichts sagt, funktioniert der ganze Film nicht. Bleibt man bei Andeutungen, erstellt der Zuschauer selbst die Prämissen, und die funktionieren in der Regel, weil sie aus der eigenen Fantasie kommen.

F: Das wäre deine These.

W: Im Pathologischen liegt auch immer das Begehrenswerte, das man sich herbeisehnt. Genau das will man doch, einmal nicht Herr seiner Sinne sein, einmal nicht den Willen über alles stellen, sondern sagen: Ja, tut mir leid, ich muss jetzt einfach Leute abschlachten oder mit hundert Männern schlafen oder was auch immer. Das hat nicht nur etwas Negatives.

F: In den Fünfzigerjahren gab es doch auch den Fall Rosemarie Nitribitt, eine Edelprostituierte mit Kunden aus der besseren Gesellschaft, die unter ungeklärten Umständen in Frankfurt umgebracht wird. Das war noch so ein Fall, der die bundesdeutsche Öffentlichkeit enorm beschäftigt hat. Lässt er sich mit Rinnelt oder mit Bartsch vergleichen?

W: Man könnte eine Historie dieser unterschiedlichen Fälle, die es damals noch relativ selten gab, erstellen. Prototypische Fälle, der Prostituiertenmord, der Kindsmord, die Entführung, damit wären wir dann fast schon durch. Die Fälle, über die wir geredet haben, blieben jahrelang ungeklärt und haben tatsächlich über eine recht lange Zeit die Bevölkerung beschäftigt. Der Fall Nitribitt ist bis heute nicht aufgeklärt, da gab es außerdem noch die Verbindung zu Hautevolee und Industrie, Gunter Sachs, Quandt, Krupp und von Bohlen und Halbach, ein verurteilter Kriegsverbrecher immerhin, die trafen sich alle als Kunden der Nitribitt wieder. Wenn ich sagen sollte, was mir in dieser Richtung in den letzten Jahren aufgefallen ist, dann wäre das vielleicht der Fall Walter Sedlmayr. Ein anerkannter und beliebter bayrischer Volksschauspieler wird ermordet, und dadurch kommt erst raus, dass er homosexuell ist. Das hätte eigentlich das Potenzial für einen Prototyp.

F: Wann war das?

W: Anfang der Neunziger. Oder ein paar Jahre später Rudolph Moshammer, wo es eigentlich völlig offensichtlich war, mit Perücke und Hündchen und der engen Mutterbindung, aber trotzdem wurde das öffentlich verleugnet. Weshalb ich auch glaube, dass gewisse Kriterien erfüllt sein müssen, um zu einem Prototyp zu werden. Der Prototyp dient der Stabilisierung und damit der Ausgrenzung. Bartsch, das ist der Triebtäter, Rinnelt, der Kidnapper, Nitribitt die Prostituierte, die einen gewissen Neid erregt, weil sie sich mit einem zweifelhaften Lebenswandel ein luxuriöses Leben leistet und die dann entsprechend bestraft wird. Da kann man wieder aufatmen, die Welt ist wieder im Lot. Aber was ist mit einem Volksschauspieler, der nachts cruist, um Stricher aufzusammeln, der kann im allgemeinen Denken nicht automatisch zu einem Prototyp werden, weil man mit ihm zusammen auch sich selbst ausgrenzen würde. Deshalb tut man besser so, als sei nichts gewesen, stellt das Ganze als eine Art Unglücksfall dar und nimmt auf einer prunkvollen Beerdigung Abschied. Man will ihn quasi in seiner Rolle in Erinnerung halten.

F: Man hat das Gefühl, diese Fälle sprachen irgendeine Wahrheit aus oder hatten mit der Wiederkehr der verdrängten Gewalt zu tun. War das spezifisch für die alte BRD? Erzeugen vergleichbare Fälle deshalb heute nicht mehr diese Resonanz?

## *10. Tatort*

W: Ich würde gerne noch einen anderen Aspekt reinbringen und einen kurzen Vergleich zwischen dem Umgang mit Kriminalität in der DDR und in der BRD ziehen. Da mir die praktische Erfahrung oder auch das Wissen eines Historikers fehlt, kann ich das nur an alten DDR-Fernsehsendungen festmachen, die meines Erachtens trotz ihrer ideologischen Ausrichtung etwas von den unterschiedlichen Einstellungen in beiden Systemen widerspiegeln. Ich finde bei entsprechenden DDR-Krimis vor allem auffällig, dass Verbrechen und Verbrecher nicht nach außen verlagert werden konnten, zumindest anfänglich nicht, als man noch die Utopie eines sozialistischen Staates verfolgte. Man musste das Verbrechen auf eine bestimmte Weise interpretieren und hat gesagt, das sind Überbleibsel einer alten und überwundenen Ideologie, die sich hier noch Raum schaffen. Deshalb darf man diese Menschen aber nicht ausgrenzen, sondern muss an tatsächliche Resozialisierung denken, also im doppelten Sinne, wenn man den Sozialismus noch mitdenkt. Man hat die Utopie von einer Gesellschaft, in der man tatsächlich auf sozialistischen Grundlagen zusammenlebt. Eine Ausgrenzung des Verbrechers, so wie in der BRD, funktioniert in der DDR nicht. Interessant finde ich, und das ist jetzt eine steile These, dass man, meiner Meinung nach, anhand der Kriminalfilme ablesen kann, wie sich das gesellschaftliche Klima in der DDR verändert, wie man die sozialistische Utopie Stück für Stück aufgibt, nur noch das Elend verwaltet und gleichzeitig immer mehr eine kapitalistische Interpretationsweise übernimmt, in der gewisse gesellschaftliche Gruppen ausgesondert werden.

F: Du meinst, in dem Maß, wie man den Glauben an eine bessere sozialistische Zukunft verliert?

W: Ja, denn mit einem Mal heißt es: Das sind arbeitsscheue Subjekte, Asoziale. Schaut man sich aber die Filme aus den frühen Sechzigern an, dann wird geradezu rührend die gesellschaftliche Verantwortung für den Verbrecher betont. Und das klingt dort glaubhafter als die entsprechenden Äußerungen von Sozialarbeitern in der BRD, weil es auf der Basis einer Gesellschaftstheorie steht, während die entsprechenden Aussagen über Resozialisierung in der BRD verlogen waren, solange sie eine gesellschaftliche Veränderung nicht mitdachten oder sogar ausschlossen.

F: Da würde ich Einspruch erheben. Ist nicht der *Tatort* genau der Versuch, das, was du vom DDR-Krimi erzählst, auch in der Bundesrepublik zu machen? Der erste Tatort wurde 1970 ausgestrahlt. Seither wird in jeder Folge irgendein Milieu aus der bundesrepublikanischen Gesellschaft portraitiert, aus dem dann die Entstehung eines bestimmten Verbrechens abgeleitet wird. Deswegen ist der Krimi bei Soziologen auch so beliebt.

W: Nicht umsonst hatte der erste *Tatort* den Titel *Taxi nach Leipzig*. Die wussten intuitiv, wo es hingehen soll: rüber in den Realsozialismus.

F: Gunther Witte, der Erfinder der *Tatort*-Reihe, hatte ja auch in der DDR studiert. Das Böse, das hier vorkommt, ist resozialisierbar. Oder vielleicht besser: Das Böse gibt es eigentlich nicht. Als pädagogischer Krimi war der *Tatort* deshalb immer schon das Gegenteil von Noir. Es gibt eine wunderbare Polemik von Jörg Fauser gegen den bundesdeutschen Kriminalroman, die auch auf den *Tatort* passt. Wie jemand nach *Mein Kampf* noch auf die Idee kommen könne, in Deutschland Krimis zu schreiben, die nicht davon ausgingen, dass das Verbrechen schon gewonnen hat, bevor der Autor auch nur den ersten Satz hinschreibt: Das war Fauser, wie er Anfang der Achtziger in *TransAtlantik* schrieb, schleierhaft.

W: Wenn man sich noch einmal diesen ersten *Tatort* genauer anschaut, *Taxi nach Leipzig*, da kommt überhaupt kein Mord vor. Da wird zwar ein toter Junge gefunden, und es geht auch um eine Transitgeschichte, aber der Junge ist einfach verstorben, weil er krank war. Diese ersten Tatorte sind tatsächlich Sozialstudien. Das ist aber gar kein Widerspruch für mich. Die Jahre Ende der Sechziger und Anfang der Siebziger waren die Zeit einer sehr großen Utopie. Ich habe gerade neulich ein Degenhardt-Interview aus der Zeit gehört, da sagt er: Es geht nur noch um ein paar Jahre, dann haben wir hier den Sozialismus. Das war damals in gewissen Kreisen die vorherrschende Meinung.

F: Nicht nur bei den Linken, sondern gesamtgesellschaftlich brach sich in diesen Jahren Fortschrittsoptimismus Bahn: »Mehr Demokratie wagen.« Die bessere Gesellschaft schien irgendwie in Reichweite zu sein, und der *Tatort* nahm an diesem Optimismus teil. Es heißt immer, die neue Generation von Rundfunkredakteuren habe damals zum großen Teil aus Adorno-Schülern bestanden. Die Absolventen der Frankfurter Schule kapern das Fernsehen. Wenn das stimmt, hatten sie allerdings die Lehre der *Minima Moralia* vergessen und wussten nicht mehr, wie ein guter Film Noir funktioniert.

## 11. *Sexualität und Wahnsinn*

F: Du hast mehrfach auf den sexuellen Hintergrund der unterschiedlichen Verbrecherfiguren verwiesen und darauf, wie man sich als Jugendlicher in dieser bedrohlichen Sexualität verstricken kann. Passend dazu kommt Sex in deinem Buch eigentlich vor allem in der Vorstellung vor. Christiane heißt, glaube ich, das Mädchen aus der Klasse des Erzählers, dem gegenüber er ganz unbeholfene Annäherungsversuche unternimmt. Er ist ein Typ, der es nicht gebacken kriegt, bei dem es noch nicht klappt und der darunter auch furchtbar leidet. Er bewegt sich im Zustand sexueller Latenz durchs Buch. Der Kulturwissenschaftler Friedrich Kittler hat vor ein paar Jahren ein interessantes Interview gegeben, in dem er nebenbei eine kleine Kulturtheorie der sexuellen Latenz entwarf. Früher, und er spricht in diesem Fall über junge Männer, weil das vermutlich autobiografisch ist, früher gab es eine lange Phase der sexuellen Latenz. Ab wann ist man in der Lage, Sex zu haben, mit 13, 14, manche sogar noch früher. Aber bis es dann klappt, gehen sieben oder acht Jahre ins Land. Und weil bis dahin die Energie sublimiert werden muss, war das für Kittler eine Zeit maximaler Kreativität. Das muss in andere Kanäle fließen. Deswegen zetteln diese jungen Männer alle möglichen Aktivitäten an, erfinden Linux oder Facebook, bevor es endlich mit der ersten Freundin klappt. Heute, meinte Kittler, hätten Teenager im Schnitt schon viel früher Sex. Dadurch schnurrt die

Phase der Latenz zusammen, und die Gesellschaft verliert einen ganz wesentlichen Innovationsimpuls. Würdest du zustimmen? Würdest du auch sagen, dass in der sexuellen Latenz eine besondere Möglichkeit liegt?

W: Ich glaube, die Latenz erfasst den ganzen Charakter, das ganze Wesen. Das Latente drückt sich genau dadurch aus, dass es noch nicht ausdefiniert ist, dass es amöbenhaft in jede Richtung gehen kann, und darin liegen ungeheure Möglichkeiten. Sobald die Sexualität die Latenz verlässt, muss sie sich irgendwie verwirklichen oder meinetwegen nicht verwirklichen, aber auf jeden Fall orientieren und Entscheidungen treffen, und für diese Entscheidungen gibt es oft nur wenige Angebote und recht eingefahrene Vorgaben. Aber in der Latenzphase ist praktisch alles möglich. Das hat etwas Utopisches.

F: Aber auch etwas Beunruhigendes. Es könnte ja sein, dass es gar nicht klappt oder das die Sexualität, die am Ende rauskommt, eine furchtbar unangenehme ist.

W: Das wäre dann wieder der Triebtäter. Man weiß einfach nicht, was da auf einen zukommt: Möglichkeit oder Untergang. Und genau das geht für mich auch in Richtung des Wahns, denn dort liegen Möglichkeiten zur Aufhebung einer Trennung, der Trennung zwischen Normalität und Gestörtheit, Realität und Fantasie und so weiter. Am Anfang aber ist der Wahn erstmal eine negative Zuschreibung von außen, ein Mittel der Ausgrenzung.

F: Die repressive Gesellschaft. Oder die Kennedy-Familie, die an JFKs Schwester Rosemary eine Lobotomie durchführen lässt …

W: Auffälliges Verhalten wird sofort pathologisiert und damit wieder als das Andere nach außen verlegt. Das ist also erst mal eine Zuschreibung. Der davon Betroffene würde das nicht über sich sagen, aber er nimmt die Zuschreibung an. Und diese Zuschreibung trifft auf eine vorhandene Latenz. Es gibt ja keine Entwicklung in einem luftleeren Raum, sondern man versucht, sich zu orientieren, und natürlich orientiert man sich auch anhand dieser Zuschreibungen. Es ist dann eine Form der Aneignung, diese Zuschreibungen mit einem anderen Inhalt zu füllen, sie positiv zu sehen, sich nicht zu verstecken, weil man krank oder verrückt ist, sondern zu sagen: Ja, das bin ich und daraus mache ich etwas.

F: Bist du zu solchen Ansichten auch durch eine bestimmte Theorielektüre gelangt? Das klingt nach Antipsychiatrie, nach *Wahnsinn und Gesellschaft*, ein Buch, dass du bestimmt gelesen hast.

W: Ja, natürlich, ein ganz wichtiges Buch.

F: Die revolutionäre Situation, die man zu erkennen gemeint hatte, entpuppte sich für deine Generation als Hirngespinst. Da hat man im Wahnsinn, und nicht mehr in der Arbeiterklasse, das subversive Subjekt entdeckt.

W: Das war dann der schöne neue Wilde.

F: Inklusive des Rousseauismus, der Romantik und Verklärung, die darin stecken. Soweit ich mich erinnere, hat Derrida Foucault das vorgeworfen. Es ist also nicht ehrenrührig, wenn ich an dich den gleichen Vorwurf richte, zumindest als Frage formuliert. Die manische Depression, mit der der Erzähler offenbar sein Leben lang zu tun gehabt hat, ist der Strang deines Buches, der mir am wenigsten einleuchtet. Eben hast du angedeutet, dass darin für dich vielleicht eine gewisse Freiheitsutopie steckt. Aber ist das nicht sehr romantisch, den Wahnsinn als notwendige Bedingung für einen bestimmten Durchblick anzusehen? Das kann man auch okay finden. Ich tue mich aber schwer damit.

W: Also um mal hinten anzufangen, mit diesem Vorwurf von Derrida an Foucault. Darauf hat Foucault mit einer ganz persönlichen Einlassung geantwortet, die hatte den Titel »Mon corps, ce papier, ce feu«. Das habe ich auch bewusst als Titel für eines meiner Kapitel im Roman übernommen. Das heißt, mir ist diese Auseinandersetzung bewusst, und ich habe mich ihr auch gestellt und mich ganz bewusst dafür entschieden, diese Zuschreibung »manisch-depressiv« in den Titel zu nehmen. Das hatte mehrere Gründe. Zum einen, weil es die Utopie der Zeit widerspiegelt, mit der Antipsychiatrie und dem Anspruch: Wir öffnen uns für alles und öffnen alle Anstalten. Das ist natürlich zum Teil eine Form von absolut sträflichem Leichtsinn, der unter dem Eindruck dieser neuen Ideen mitunter in den psychiatrischen Anstalten stattfand. Es wurde so getan, als ginge von gewissen Psychopathen keinerlei Gefahr aus, sondern als könne man diese alle zusammen in eine lockere Gruppentherapie stecken. Es gibt da dieses etwas populärwissenschaftliche Buch von Jon Ronson über Psychopathen, da werden solche Szenen beschrieben. Psychopathen sind Therapieansätzen oft nicht zugänglich, können aber Therapeuten wunderbar umgarnen, weil sie genau wissen, was die hören wollen. Sie simulieren eine Heilung, verfolgen aber in Wirklichkeit weiter ihre Agenda. Ronson bringt Beispiele aus der Antipsychiatrie, wo solche Psychopathen, teilweise Massenmörder, sich zusammen in großen Gruppen mit irgendwelchen Neurotikern und Leuten, die nur mal kurzzeitig in der Psychiatrie sind, nackt herumwälzen und alternative Therapieformen ausprobieren. Da denkt man im Nachhinein: Das war tatsächlich Wahnsinn. Dennoch habe ich diesen etwas naiven Zugang nicht ausschließen wollen, auch weil natürlich gleichzeitig eine Chance darin steckt, nämlich die Chance, sich den Einteilungen zu entziehen, auch im ästhetischen Sinne, nicht unterscheiden zu müssen, was ist Theorie, Poesie, was ist Realität und Fantasie.

F: Aber noch mal nachgefragt: Könnte es sein, dass der Wahnsinn für dich notwendig war, um einen Protagonisten zu erfinden, der nicht aktiv in den politischen Kampf eingegriffen hat, aber trotzdem moralisch integer aus den Siebzigerjahren rausgekommen ist? Der Wahnsinn ist ja vermutlich kein autobiografisches Element. Du hast zu schreiben angefangen. Entweder Künstler oder wahnsinnig werden: Das waren schon immer die beiden Optionen des romantischen Subjekts.

W: Es gibt da natürlich keine objektive Notwendigkeit, aber der Wahn hat eine Doppelfunktion, weil der Protagonist einerseits sagt, ich werde durch die herrschenden gesellschaftlichen Normen, aber auch durch die politischen Alternativen, die mich mit ihren radikalen Ansprüchen überfordern, in eine Art Wahn getrieben, andererseits nutzt er diesen Wahn dann aber für sich, um doch noch eine eigene Ausdrucksweise zu finden.

F: Jedenfalls ist die Erzählerfigur durch eine lange Geschichte des Leidens und der Internierung gezeichnet. Auch das macht die bedrückende Atmosphäre deines Buches aus. Das fügt dem Erzähler, aber auch der Gesellschaft, das Stigma der Versehrung zu.

W: Ja, genau, während BRD Noir umgekehrt eine Erzählhaltung beschreibt, die vielleicht nur du als Nachgeborener einnehmen kannst. Ich schließe mich dir da aber natürlich sofort an, nicht nur weil es mir einsichtig ist, sondern weil es auch eine Entlastung für mich bedeutet. Bei »versehrt« fällt mir übrigens spontan der Schwerbeschädigte ein.

F: Auch eine Figur der frühen BRD?

W: Auf jeden Fall. Der Schwerbeschädigte, der im Bus einen eigenen Platz hinter dem Fahrer hatte, der immer frei bleiben musste. Diese Schwerbeschädigten und Kriegsversehrten gehören auch zum Gründungsmythos der BRD. Der Mann mit dem Leiterwagen, der früher Professor gewesen war und dem eine Granate ganz nah am Kopf vorbeigeflogen ist. Da waren Erzählungen über das Grauen des

Krieges anekdotenhaft zusammengefasst. Und auch da gab es den Wahnsinn, jemand, der so schreckliche Sachen erlebt hat, dass er verrückt wurde. Man kann also durch das, was man erlebt, verrückt werden. Das war eine Art Bedrohung, vor der einen die BRD bewahrt hat. Es wurde aber ganz klar damit zum Ausdruck gebracht: Es gibt so schlimme Sachen, über die wollen wir noch nicht mal reden. Das führt uns direkt zu Thomas de Maizière und seiner Aussage, es gebe Dinge, die er besser nicht ausspricht, weil sie die Bevölkerung beunruhigen würden. Als jemand aus meinem Jahrgang ist de Maizière noch der alten Rhetorik der BRD verhaftet und denkt, die würde heute noch funktionieren, man bräuchte nur die Existenz eines Grauens anzudeuten und schon sind alle froh, dass nicht weiter darüber gesprochen wird. Heute muss man das anders angehen. Man kann heute nicht mehr sagen, dass es etwas Verdrängtes gibt und auf gewisse gesellschaftlich vereinbarte Tabus zählen, heute schließt das Verdrängte den Verdrängungsprozess mit ein. Auch der darf nicht sichtbar werden, und de Maizière war so naiv, ihn sichtbar zu machen. Die Banalität schließt mit ein, dass sie nicht als Banalität bezeichnet werden darf. Da merkt man, dass wir in einer anderen Epoche leben. Die Bundespressekonferenz und andere Formate finden aber oft noch im Stil der alten BRD statt, wo man von einem gemeinsamen Konsens des Fragens und Verschweigens ausgeht. Wir befinden uns aber in einer Umbruchphase, wo das immer mehr verloren geht, gleichzeitig an einer Wiederherstellung gearbeitet wird.

F: Wenn man dein Buch liest, kann man den Eindruck bekommen, dass die große Zäsur nicht 1945, sondern 1990 war und zwischen uns und der alten Bundesrepublik verläuft, die uns seit einigen Jahren plötzlich immer fremder wird. Oder andersherum, das sagst du irgendwo im Buch ganz explizit, war 1945 alles Mögliche, aber eben keine Stunde Null. Es gab eine Kontinuität des Bösen, die zumindest bis ins Jahr 1969 reichte.

W: Es gibt das Versäumnis, nicht wirklich neu angefangen zu haben, mit einem wirklichen Signal, mit einem tatsächlichen Bruch. Mein Protagonist findet dann verschiedene Vergleiche und sagt zum Beispiel, das, was damals die Winterhilfe war, das ist heute das Müttergenesungswerk, einfach weil die Freiwilligen genauso dastehen mit denselben Sammelbüchsen und irgendwelche Blümchen verteilen. Und Mütter werden auf einmal verschickt. Da wird man automatisch an die jüngste Vergangenheit erinnert, wo ganze Volksgruppen »verschickt« wurden.

F: Oder die Eintopfrezepte …

W: Oder die Fleckenmittel und die chemische Reinigung, die in ihrem Namen schon anschließt an die Judenvernichtung, die man auch als eine Art chemische Reinigung hätte bezeichnen können. Die Nachkriegs-BRD ist besessen von der Fleckenentfernung. Es gab eine Unzahl von Listen mit verschiedenen Flecken, ähnlich dem katholischen

Beichtspiegel, und dann gab es als Erlösungsansatz alle möglichen Fleckenmittel, K2R natürlich, und dann etwas in einer Dose mit einer Membran, das man auch aufreiben konnte und an dessen Geruch ich mich noch genau erinnere. Während die chemischen Reinigungen zu Pilgerstätten und Holocaust-Denkmälern avant la lettre wurden, weil man sich dort die Flecken von der weißen Weste entfernen lassen konnte …

F: Auch in diesem Punkt waren die USA einen Schritt weiter, denn die hatten Dinge entwickelt, die das selber tun. Der *self-cleaning oven* zum Beispiel.

W: Das ist natürlich toll. Irgendwie hat sich das nicht so richtig durchgesetzt in der BRD.

F: Aber gab es nicht selbstreinigende Teppiche? Oder gab es nur Vorwerk, das deutsche Staubsauger-Märchen? Wie du jedenfalls aus diesem Fleckenentferner eine Symptomatik der westdeutschen Nachkriegsgesellschaft herauspräparierst: Das gehört für mich zu den stärksten Momenten des Buchs. Das sind Mythen des Alltags im Sinne Roland Barthes'. Ich erinnere mich, dass du auf diese Art auch das Unterhemd analysierst. Spontan würde man ja an den Ausdruck *wifebeater* denken, das Unterhemd als Symbol der häuslichen Gewalt.

W: Das Unterhemd ist eigentlich das Symbol der Latenz, um jetzt deinen Begriff aufzugreifen. Es ist zwischen Haut und der wirklichen Kleidung, passt sich an, ist eigentlich nie zu sehen oder nur in Ausnahmefällen und wenn es plötzlich für einen Moment sichtbar wird, muss dieser Moment sofort umschlagen in Bedeckung oder Entblößung. Es steht damit auch für das Unbewusste, das Verdrängte und geschlechtlich noch nicht Ausdifferenzierte. Scheinbar ordnet es sich unter und nimmt den Namen von dem an, dem es sich unterordnet. Gleichzeitig entfaltet es im Verborgen eine Stärke und Dominanz.

F: Wir reden von Feinripp, nehme ich an.

W: Eigentlich ist es Doppelripp. Feinripp ist, wie der Name schon sagt, feiner und elastischer. Da kommt der Generationsunterschied zwischen uns zum Tragen. Meine Generation: Doppelripp und Wahn, deine: Feinripp und Noir.

F: Dem ist nichts hinzuzufügen.

## *12. Heimlich lesen, heimlich fernsehen*

F: Jörg Fauser, von dem wir eben gesprochen haben, hat kurz vor seinem Tod noch einen echten, an Raymond Chandler orientierten Roman-Noir geschrieben. In *Das Schlangenmaul*, das irrerweise auf der Schlangenfarm eines ehemaligen Fremdenlegionärs im Harz endet, beschreibt er West-Berlin in den Achtzigerjahren: eine schillernde, irgendwie auch glamouröse, auf den zweiten Blick aber natürlich völlig kaputte Stadt. Versoffene Reporter, die in der Paris Bar sitzen. Neureiche Typen, die im Europa-Center in die Sauna gehen. Die Idee zum Roman war Fauser während des Verfassens einer Reportage über ein vermisstes Mädchen aus Bremervörde gekommen. Anfang der Achtzigerjahre lockten das Buch und der Film *Wir Kinder vom Bahnhof Zoo* offenbar eine Menge neugieriger Jugendlicher aus der westdeutschen Provinz in die Stadt. Mir fällt es bis heute schwer, das zu glauben. Mich hat das Buch zwar auch enorm gefesselt, aber vor allem hat es mir Angst gemacht. Als vor ein paar Jahren *Mein zweites Leben* von Christiane F. erschien, war ich umso erstaunter zu erfahren, dass die im Grunde meinen Namen trägt: Felscherinow. Hätte ich das damals schon gewusst, wäre mir das Buch wahrscheinlich doppelt unheimlich gewesen. Das Fremde im Vertrauten: Das macht ja laut Freud die Erfahrung des Unheimlichen aus.

W: Der Bahnhof Zoo hatte auch für mich etwas Eindrückliches. Diese Enge, die er schon damals hatte, dann kam man raus und traf auf die Peepshows und Sexshops. Andererseits ging es die Kantstraße runter mit den alternativen Kinos in Richtung Savignyplatz mit der Autorenbuchhandlung. Wie alt warst du denn, als du das Buch gelesen hast?

F: So 12, 13, schätze ich. Ein paar Jahre nachdem das Buch Ende der Siebzigerjahre erschienen war. Ein Freund, dessen Mutter es im Regal stehen hatte, hat es mir ausgeliehen. Den Film mit David Bowie habe ich bis heute nicht gesehen. Dafür habe ich die Fotos aus dem Buch noch heute im Kopf: Christianes Freund Detlef mit dem dünnen Oberlippenbart, Babsi, die jüngste Herointote von Berlin, oder die leere Fixerwohnung, der Teppichboden voller Blut, weil da irgendwie die Reste aus den Spritzen reingedrückt wurden. Man sprach von Fixern, nicht von Junkies damals. Ich hatte das Gefühl, dass von dem Buch eine Gefahr ausgeht, darum habe ich es heimlich gelesen. Dabei war es in manchen Bundesländern Schulstoff und hat sogar irgendeinen Preis als bestes Jugendbuch gekriegt, wahrscheinlich wegen der abschreckenden Wirkung. Christiane F. wächst allein mit ihrer Mutter in der Hochhaussiedlung Gropiusstadt im Süden von Berlin auf und fängt an, mit ihren Freunden zu kiffen und LSD zu nehmen. In einer Diskothek, dem Sound, kommt sie an die harten Drogen ran. Das hat das Bild von der typischen Fixer-Karriere geprägt. Wobei, wenn ich mich richtig erinnere, ist das David-Bowie-Konzert von 1976 der Moment, wo sie zum ersten Mal Heroin konsumiert, und dann ist sie relativ schnell in der Szene drin und geht auf der Kurfürstenstraße anschaffen und ist 13 oder 14 Jahre alt.

W: So alt wie du bei der Lektüre.

F: Ja genau. Der drei Jahre ältere Sohn von Freunden meiner Eltern hatte mir schon vorher von den Kindern vom Bahnhof Zoo erzählt. Dass die da irre Sachen machen, aber was genau, das hat er nur in Andeutungen erwähnt. Das bringt mich auf deine Oberstufler zurück. Vielleicht kann man ja tatsächlich eine Parallele ziehen. Möglicherweise stellte das Thema Heroin Anfang der Achtziger eine ähnliche Faszination wie für dich der Terrorismus dar. Wenn man richtig weit draußen wäre, wie andere im gleichen Alter, könnte man auch *so was* tun. An einer Stelle kommen im Buch übrigens auch die Terroristen vor. Eine Freundin von Christiane lernt im Knast Monika Berberich kennen, die an der Befreiung von Andreas Baader beteiligt war. Anders als die ganzen Spießer, meint Christiane, hätte die RAF vielleicht den Durchblick gehabt. Das scheint ja auch irgendwie dein Protagonist zu glauben. Die harten Drogen sind in deinem Buch allerdings nicht existent.

W: Nicht die harten Drogen. Der Teenager kifft natürlich auch und hat Erlebnisse mit Alkohol, Marihuana und mit Opium versetztem Shit.

F: Kann es sein, dass Heroin in den Sechzigerjahren in der Bundesrepublik zumindest auf der Straße noch kaum zu haben war? Sich Opiate spritzen, das tat nur eine kleine Junkie-Avantgarde.

W: Heroin war das große Schreckgespenst, eine Gefahr, die drohte und nichts mehr vom genussvollen Rausch hatte. LSD hatte immer noch etwas Unkompliziertes und Leichtes, weil es diese Abhängigkeit nicht gibt. Man stürzt vielleicht für ein, zwei Tage ab, aber dann ist man wieder da, hat höchstens mit den gemachten Erfahrungen zu tun. Aber wenn du noch mal schildern könntest, was es war, das du aus diesem Buch herausgelesen hast, welche Bilder sich besonders eingeprägt haben bei dir. War das eine ähnliche Bedrohung, wie wir sie bei den Entführern und Triebtätern besprochen haben? Also auch hier die Frage: inwieweit bin ich nicht nur Opfer, sondern auch Täter? Inwiefern beschwöre ich selbst etwas herauf, indem ich irgendwohin mitgehe, unachtsam bin? Sowas spielt bei den harten Drogen auch immer mit hinein. Da gibt es dann die entsprechenden Erzählungen: Man wird an die Nadel gebracht. Diese ganzen Horrorgeschichten mit dem LSD-Trip, für die es alle möglichen Verhaltensregeln gab: Du darfst nicht in den Spiegel schauen, weil du dann siehst, wie du alterst, und das hältst du nicht aus. Einer hat sich angeblich auf einem Trip die Beine abgeschnitten, weil er meinte, die schwellen an. Man hat das alles für bare Münze genommen und nie darüber nachgedacht, warum jemand auf die Idee kommt, zum Messer zu greifen und seine Beine abzuschneiden, wenn er der Meinung ist, dass sie anschwellen. Auf einem Trip macht man sowas eben.

F: Oder man springt aus dem Fenster.

W: Natürlich, man springt aus dem Fenster, weil man denkt, man kann fliegen. Einer ist in einen Weiher gesprungen, weil sie ihm weisgemacht haben, dass das kleine Ästchen, das sie reingeworfen haben, der Zeigefinger seiner rechten Hand ist, und den wollte er natürlich wiederholen. Hier ist man erneut nicht ganz bei Sinnen und macht so einen Blödsinn, gleichzeitig sieht man Farben, wie man sie noch nie gesehen hat, das Gefühl für die Zeit verändert sich und so weiter.

F: Es hieß, man muss aufpassen, dass man nicht »angefixt« wird. Nach der Lektüre von Christiane F. hatte ich ein paar Jahre lang tatsächlich Angst davor, angefixt zu werden, sogar noch mit 16, als ich für ein Jahr nach Washington, D.C. auf eine Highschool gegangen bin. Kurz bevor ich ging, wurde der Bürgermeister von Washington Marion Barry verhaftet, weil er beim Crackrauchen erwischt worden war. Ich dachte, mein Gott, was da für Zustände herrschen, wenn sogar der Bürgermeister Drogen nimmt. Wenn schon nicht in Göttingen, dann werde ich sicherlich in Washington angefixt. Ich weiß gar nicht mehr, wie ich mir das konkret vorgestellt habe. Dass mir jemand was in die Cola tut? Auch eine dieser Redewendungen.

W: Ja, wie die Beatles, die durch ihren Zahnarzt, der ihnen LSD untergejubelt hat, überhaupt erst auf die ganzen Drogen kamen. Aber so wie du das mit Christiane F. schilderst, da hat man das Gefühl, dir tut einer was in die Cola und am nächsten Tag stehst du auf dem Straßenstrich und schaffst an. Und hat bei dem Ganzen nicht auch die Sexualität eine Rolle gespielt?

F: Ja, aber die war von der Faszination der Drogen überlagert, auch biografisch, weil ich ein Spätzünder war. Bevor es mit Mädchen auch nur halbwegs klappte, spielte Kiffen eine große Rolle, das erste Mal in Washington. Obwohl ich beim ersten Mal extreme Paranoia, eigentlich einen kleinen Horrortrip hatte, habe ich damit weitergemacht. Ein bisschen traurig, dass wir die Energie unserer sexuellen Latenz darein investiert haben, perfekte Szenarien zum Kiffen zu kreieren. »The doors of perception« und der ganze Quatsch. Später kam auch LSD dazu. Das erinnert mich daran, was Heiner Müller über Ernst Jünger gesagt hat: Bevor Frauen zu einer Erfahrung werden konnten, kam ihnen der Krieg zuvor. Krieg spielte bei uns natürlich keine Rolle. Aber genau wie wir hatte auch Jünger diese Drogen-Faszination.

W: Es kursierte aber doch gleichzeitig die Legende, dass einem beim ersten Schuss Heroin erstmal furchtbar schlecht wird und man sich die Seele aus dem Leib kotzt und so weiter. Und ich habe mich damals gefragt, warum nimmt man das aber trotzdem alles auf sich? Selbst beim Kiffen war es ja so, dass es nicht unbedingt angenehm war beim ersten Mal. Man muss also schon eine Art Opfer bringen, um zum Rausch zu gelangen, und dieses Opfer ist gleichzeitig auch eine Warnung. Man kann hinterher nicht sagen, ich wusste gar nicht, dass das so schlimm ist. Doch, das wusstest du, denn du hast es sogar am eigenen Leib gespürt, hast aber diese Warnzeichen ignoriert. Und diese Warnzeichen steckten natürlich auch in der Lektüre von Christiane F. Es war quasi ein angenehmes Schaudern. Deshalb hast du es auch heimlich gelesen und vor den Eltern versteckt. Man hätte ja auch sagen können, dass es gut ist, dass du das liest, weil es eine abschreckende Wirkung hat. Aber man wusste automatisch, dass das nicht so eindeutig ist. Da gibt es Parallelen zu dem Film *Es geschah am hellichten Tag* mit Heinz Rühmann und Gert Fröbe, für den Dürrenmatt das Drehbuch geschrieben hat. Er bekam dafür den Auftrag, weil man mit dem Film angeblich vor der Gefahr der Sexualverbrechen an Kindern warnen wollte. Und so wie du Christiane F. heimlich gelesen hast, so habe ich diesen Film heimlich angesehen. Oft ist dieses Warnen ja nur ein Vorwand, um es zeigen zu können, so wie in den ganzen amerikanischen Aufklärungsfilmen über Drogen und Prostitution, die in Wirklichkeit Exploitationfilme waren. Am Anfang des Films steht der Mord an einem jungen Mädchen, und der Polizeikommissar, gespielt von Heinz Rühmann, verspricht der trauernden Mutter, den Täter zu schnappen. Er versteigt sich dann in dieses Versprechen, gibt seinen Beruf auf und mietet sich in einer Tankstelle ein. Da hätten wir einen ersten Topos des Noir: die Tankstelle. Die Tankstelle hat eine Art Schlüsselfunktion, weil dort viele Menschen vorbeikommen, man umgekehrt auch beobachten kann, wer vorbeikommt. Ganz so wie in diesem Film, wo der Kommissar sie benutzt, um dem Mörder eine Falle zu stellen, denn er nimmt eine alleinstehende Frau mit ihrer jungen Tochter als Lockvogel zu sich. Das Mädchen spielt immer ganz unschuldig an der Straße, und eines Tages malt sie, genau wie das ermordete Mädchen, einen großen Riesen und kleine Igel. Dieser Riese ist Gert Fröbe, der zu Hause von einer garstigen und viel älteren Frau unterdrückt wird. Sie hat das Geld, während er als ihr früherer Chauffeur jetzt mit dem Auto verschiedene Filialen ihres Betriebs abfahren muss. In dem Film wird recht klar gesagt, dass diese Unterdrückung zu der Perversion und den Gräueltaten führt. Hier kommt der unkontrollierte Trieb aus einer mangelnden Triebbefriedigung. Eine neue Variante der Bedrohung: mangels sexueller Erfüllung. Je mehr diese

Frau den Fröbe reglementiert, demütigt und einschränkt, desto höher steigt bei ihm der Pegel. Er kauft dann Trüffel und lockt damit und mit einer Kasperlefigur die Kinder in den Wald. Im Film kann Heinz Rühmann Gert Fröbe noch im letzten Moment überwältigen. Und diesen Film habe ich mir heimlich angesehen, während unten im Wohnzimmer eine Familienfeier stattfand. Ich konnte mich da nach oben zum Fernsehzimmer wegschleichen.

F: Stimmt, wir hatten auch ein eigenes Fernsehzimmer, oben unterm Dach.

W: Man wollte den Fernseher nicht im Wohnzimmer haben, wo man Gäste empfängt und das gesellschaftliche Leben stattfindet. Deshalb gab es anfänglich auch Fernseher mit Türen, die konnte man zumachen und abschließen, dann war der Fernseher erstmal weg. Unten wurde also in Spätkaffeelaune noch ein Cognäckchen getrunken, während ich oben, halb in der Tür stehend, diesen Film ansah, der mich wahnsinnig beeindruckt hat.

F: Wie alt warst du da?

W: Vielleicht so zehn. Da kommt dieser wuchtige Gert Fröbe und lockt einen mit Pralinen, nimm2 oder irgendwelchen Bonbons …

F: Ich hätte eher auf Werther's Echte getippt.

F: Reiseeindruck: In den Neunzigerjahren, oder auch danach, von Berlin in die alten Bundesländer zu fahren, ging fast immer mit einem Gefühl von Fadheit einher. Es beschlich einen das Gefühl, sich in einer Provinz zu bewegen, die überhaupt nicht mitbekommen hatte, dass sich das Land, erst mal gar nicht politisch, sondern klimatisch verändert hatte. Dass es da auf einmal diese neuen Bundesländer und Berlin, diese neue Mischzone gab. Und zugleich hatte es so etwas Saturiertes. Für einen Wessi wie mich waren die Siebzigerjahre-Fußgängerzonen viel trister als die braunen DDR-Fassaden und die östlichen Bezirke von Berlin. Nichts daran war interessant, alles war unbeschreiblich öde, dazu passte, dass in dieser Zeit das Narrativ der Generation Golf aufkam. Eine Generation, meine Generation, die kein politisches Bewusstsein hatte und sich über mittelkleine Unterschiede in Bezug auf Mittelklasse-Marken definierte, mit dem VW-Golf, der mit dem IVer-Modell in seine hässliche Phase eintrat, als traurigem Generationssymbol. Am Ende der Demokratisierung stand die Entpolitisierung. Das letzte Vermächtnis der alten Bundesrepublik. Wie stellt sich das aus der Perspektive dessen dar, der da nie weggegangen ist?

W: Der Mauerfall und auch die Zeit um '89 waren für mich relativ bedeutungslos, um es ganz offen und ehrlich zu sagen. Ich habe diese Euphorie nicht richtig teilen können, vielleicht auch weil ich die Mauer nicht permanent vor mir hatte, so wie die Leute in Berlin. Natürlich hatte ich dennoch ein gewisses Gefühl dafür, weil ich regelmäßig in Berlin war, man ist dann auf Transitwegen, die man nicht verlassen durfte, durch die DDR dort hingefahren oder mit dem Zug, wofür man einen Reisepass brauchte. Und obwohl die Stadt natürlich riesig war und man nicht überall wie in Kreuzberg auf die Mauer gestoßen ist, hatte es natürlich schon etwas Klaustrophobisches. Es war aber dennoch ein Gefühl, so wie man unwillkürlich denkt, wenn man meinetwegen aus Holland oder Frankreich zurückkommt: Ach, jetzt kann ich mich wieder etwas entspannen, obwohl es dafür keinen tatsächlichen Grund gibt. Auf der anderen Seite gab es auch eine gewisse Faszination für die DDR, also bin ich im Sommer 1990 mit einem Freund in die neuen Bundesländer gefahren, weil mich das interessiert hat, und ich auch die Chance nutzen wollte, noch etwas von der alten DDR dort zu entdecken. Aber dann war das alles schon schrecklich aufgeräumt und das meiste schon weggeschafft, wenn ich jetzt mal an die Buchhandlungen denke. Da waren die blauen Bände, die in meiner Vergangenheit eine große Rolle gespielt haben, alle schon entsorgt.

F: Ich bringe das immer durcheinander. War das die MEGA, die Marx-Engels-Gesamtausgabe oder die Marx-Engels-Werke, die MEW?

W: An der MEGA wird ja noch gearbeitet, um den tatsächlichen Marx freizulegen. Damals waren das die ideologisch eingefärbten Marx-Engels-Werke, die MEW. Das, was man sich hat mitbringen lassen, was man beim Besuch in Ostberlin gekauft hat oder was es in den sogenannten Europabuchhandlungen gab in Westdeutschland. Es existierten ja auch interessante literarische Titel, russische Autoren und der ganze Ostblock, aber das war innerhalb von einem halben Jahr alles verschwunden. Ich kann es nur an diesem Ausschnitt der Bücher festmachen, der aber, glaube ich, auf eine gewisse Weise repräsentativ ist. Später kehrten dann mit einer gewissen Ostalgie ein paar Produkte wie Spreewald-Gurken und Rotkäppchen Sekt zurück, aber damals fehlten die auch. Ich erinnere mich ganz eindrücklich, dass ich dann in Leipzig oder in Dresden in einen Buchladen gehe, und da sind fast nur leere Regale. Da stehen diese mir aus der Heimat hinlänglich bekannten Fischer- und dtv-Taschenbücher, eben nur in ganz geringer Stückzahl. Etwas eigenes war nicht zu entdecken.

F: Reclam Leipzig, die Klassikerausgaben. Die haben wir im Sommer 1989 auf der obligatorischen Berlin-Klassenfahrt noch im Kaufhaus am Alexanderplatz gekauft.

W: Ja, und Kiepenheuer mit seiner Bibliothek des 18. Jahrhunderts, die fand ich sehr interessant, weil da Autoren erschienen, die in Westdeutschland nicht zu bekommen waren. Aber davon war nichts mehr da. Stattdessen auf halbleeren Regalen …

F: … dieselben Auslagen wie im Westen, bloß nicht so üppig. Deprimierend, und parallel wurden schon die ersten Getränkemärkte gebaut.

W: Das war die Definition: Jetzt ist der Osten wie der Westen, nur nicht so üppig. Und das war natürlich uninteressant für einen. Und wahrscheinlich eben auch uninteressant für die Einheimischen, weil die dann gleich in den Westen gefahren sind, wo die Regale voll waren. Du hast von den reizvollen neuen Bundesländern gesprochen, das habe ich auch so empfunden. Mir wurde auch dieser Versuch, den es ja immerhin mal in der DDR gegeben hatte, zu schnell vergessen. Noch nicht lange zuvor hätte man immer noch den Spruch hören können: »Geh doch nach drüben.« Das fiel jetzt mit einem Mal weg. Ich war nie DKP-affin, aber trotzdem gab es gewisse Überschneidungen.

F: Dass die Bände von Kiepenheuer schon im Sommer 1990 nicht mehr zu haben waren, dass es dir zumindest so vorkam, zeigt doch, wie schnell die DDR nach der Wende in eine historische Distanz gerückt ist. Das war schon der Anfang der Ostalgie. Dagegen hatten die alten Bundesländer auf lange Zeit nichts zu bieten. Ich habe das Gefühl, dass das erst in den letzten Jahren gekippt ist, dass auf einmal auch die BRD eine Aura der Historizität annimmt. Dein Buch und auch andere Bücher und Filme zeigen doch, dass dieses Land uns inzwischen fremd geworden ist und wir es historisieren können. Und zwar nicht mehr nur als »Ankunft im Westen« oder »geglückte Demokratie«, in diesen staatstragenden Narrativen, die wir von den Historikern kennen. Vielleicht ist der Weg frei für einen anderen Blick, und Heinz Strunk kommt auf die Idee, ein

Buch über den Prostituiertenmörder Fritz Honka zu schreiben. In diesem Zusammenhang fällt mir immer eine Fotoreportage ein, die im *SZ-Magazin* zu sehen war. Es war eine Strecke über Keferloh bei München, wo in der zweiten Hälfte der Achtziger, also mitten im Boris-Becker-Boom, mit siebzig Plätzen die größte Tennisanlage der alten Bundesrepublik gebaut wurde. Anlässlich des Wimbledon-Jubiläums ging das 2015 nochmal alles durch die Presse, dass keiner mehr Tennis spielt, dass die goldenen Tennis-Jahre schon lange zu Ende sind, woran auch eine Angelique Kerber nichts ändern kann, und dass sich die Anlage in Keferloh in eine von Unkraut überwachsene, mit Planen abgedeckte Ruine verwandelt hat. Und genau aus diesem Grund gibt sie einen idealen Gegenstand für eine stylishe Fotoreportage ab. In *Mulholland Drive* von David Lynch gibt es eine sehr unheimliche Szene, da kommt ein haariges Monster hinter einem Mülleimer auf dem Parkplatz eines Fastfood-Restaurants hervor, das war meine erste Assoziation zu diesen Bildern. Im Grunde erwartet man, dass aus dem Haufen moosiger Tennisbälle ein menschlicher Arm hervorguckt. Für mich waren diese Fotos symptomatisch für die Art und Weise, wie man neuerdings auf die alte Bundesrepublik blickt. Nicht mehr das Fade, sondern das Abgründige steht im Mittelpunkt. Das war immer schon da, wird aber jetzt erst zum Darstellungsprinzip eines Landes, von dem wir gerne sagen, dass es nicht mehr existiert.

W: Genau solche Projekte, wie du sie gerade beschrieben hast, fehlen doch heute. Man könnte sich doch gar nicht mehr vorstellen, für was sich die Republik noch einmal so stark begeistern könnte, also, welcher Boom die neuen oder auch die alten Bundesländer erfassen könnte. Tennisplätze zu bauen, das setzt einen gewissen Luxus voraus. Und heute, obwohl genau so viel Privatvermögen da ist, wahrscheinlich sogar noch mehr, käme man einfach nicht mehr auf solche Ideen. Heute geht es eher um die Verwaltung des Mangels. Projekte wären: Förderung des sozialen Wohnungsbaus, Unterkünfte für Flüchtlinge, aber dass man damit irgendeine Utopie verbindet, irgendeine Idee, so wie mit den siebzig Tennisplätzen, das ist nicht der Fall. Die Utopie schließt dann auch den Zusammenbruch mit ein, der nur so pittoresk sein kann, weil er eine gewisse Fallhöhe hat.

F: »Heute werden Flüchtlingsheime gebaut, wo damals Tennisplätze für die heranwachsende Generation Golf entstanden.« Das ist die alte Erzählung von der Bundesrepublik als saturierter Wohlstandsinsel. Interessant finde ich dagegen, dass dieser Wohlstand im Rückblick plötzlich unheimlich wirkt.

W: Aber ist nicht interessant, dass sich zur Zeit Großprojekte vor allem durch ihr Misslingen auszeichnen, vom Berliner Flughafen über die Elbphilharmonie bis zu dem großartig angelegten Nürburgring-Zentrum: Alles misslingt und ist schon in der Anlage verödet.

F: Aber solche Bauskandale gab es doch auch in der alten Bundesrepublik. Ich kann mich noch an den Schürmann-Bau erinnern, das geplante Abgeordnetenhaus, das durch ein Rheinhochwasser verwüstet wurde und jahrelang als Bauruine mitten in Bonn herumstand. Damals hieß es, das wäre das teuerste Gebäude der Bundesrepublik. Allerdings kann es sein, dass das erst Anfang der Neunzigerjahre war.

W: Natürlich gab es das schon immer, aber wenn damals etwas gescheitert ist, dann scheiterte auch immer eine Idee, eine Utopie. Heute gibt es diese Utopien nicht mehr, man investiert mehr oder minder lieblos in irgendein Projekt, weil man sich davon in der Regel irgendwelche Einkünfte oder ein gewisses Renommee verspricht. Oft werden die Projekte gegen den Willen der Bevölkerung durchgesetzt, das heißt, man wartet schon von vornherein auf das Scheitern, außerdem nehmen die Verzögerungen und Kostensteigerungen gerade ein gigantisches Maß an. Es geht um Profit, und der Profit hat keine Utopien mehr, weil er auf seine eigene Mär hereingefallen ist und nichts mehr riskieren oder investieren will. Zumindest in Form eines eigenen Engagements, denn natürlich riskiert man beständig mit fremden Geldern an der Börse Kopf und Kragen. Aber eben so etwas wie diese siebzig Tennisplätze gibt es nicht mehr. Die wurden bestimmt einige Jahre bespielt und sahen auch toll aus, könnte ich mir vorstellen.

F: Klar, Deutschland war im Tennisfieber, und heute beklagt man, dass das nicht mehr so ist. Aber lass uns auf die Zäsur zurückkommen, durch die wir aus der Kontinuität mit der alten BRD herausgetreten sind. Ich habe den Eindruck, jetzt soll Bilanz gezogen werden, die Bundesrepublik soll uns verraten, was sie als historischen Ertrag eingebracht hat. Es geht um das Vermächtnis der Epoche, weil deutlich wird, das sie zu Ende gegangen ist. Soweit ich sehe, haben wir dafür zwei Narrative zur Auswahl. Auf der einen Seite das Narrativ von der gelungenen Demokratie, der Modernisierung und Zivilisierung Deutschlands, die meinetwegen bzw. Florian Illies zufolge in die politische Apathie der Generation Golf gemündet ist. Aber trotzdem steckt eine Idee von Entwicklung, von Zukunft oder sogar eine Utopie dahinter, so wie du das eben von den Tennisplätzen in Keferloh behauptet hast. Auf der anderen Seite denke ich an jüngere Diagnosen wie die von Anselm Haverkamp oder Hans Ulrich Gumbrecht, der in *Nach 1945* behauptet, dass das Vermächtnis der Nachkriegsepoche der Verlust von Zukunft und die Ausdehnung der Gegenwart gewesen sei. Ein Zustand jenseits der Geschichte, den man als Posthistoire, Stillstand, oder, wie Gumbrecht, als »breite Gegenwart« bezeichnen kann. Von diesem Geschichtsgefühl finde ich auch viel in deinem Buch wieder, das ja verschiedene Reflexionen über die Zeit enthält. Der verhaltensauffällige Teenager wird zuerst vom Priester und dann vom Psychiater über seine Vorstellung von Zeit befragt, worauf er als Antwort irgendetwas von einer zyklischen Zeit erzählt. Das passt zur generellen Atmosphäre einer latenten Bedrohung, in der aber trotzdem nie irgendwas Unvorhergesehenes passiert. Bleibt alles gleich? Gibt es keine Zukunft? War das dein Zeitgefühl, bzw. ist es das Zeitgefühl deines Protagonisten?

W: Die Zeiterfahrung ist eine, in der sich tatsächlich wenig oder so gut wie gar nichts bewegt. Deswegen existieren die Achtziger- und Neunziger-, selbst die Zweitausenderjahre in meinem Roman nicht. Es gibt zwar einen Punkt in der Gegenwart, von dem aus zurückgeschaut wird, aber es wird zurückgeschaut, als würde das Ganze dazwischen nicht existieren, als müsste man nicht durch die Jahrzehnte, die zwischen jetzt und den Sechzigern liegen hindurchschauen, sondern könnte einen Bogen drüber hinwegziehen, und dieser Bogen versinnbildlicht eine gewisse Bewegungslosigkeit, ein Verharren und Beharren. Ich glaube, dass es sich hier um ein Erbe aus den Fünfzigern und Sechzigern handelt und dass diese Zeitlosigkeit etwas mit dem zu tun hat, was Gumbrecht als »Stimmung« bezeichnet. Ich bin erst auf Gumbrecht gestoßen, nachdem der Roman bereits fertig war, und hatte das Gefühl, dass es ihm gelingt, das analytisch zu fassen, was ich zu beschreiben versucht habe. Und wahrscheinlich habe ich es zu beschreiben versucht, weil ich es eben nicht auf einen Begriff bringen konnte wie er. Gleichzeitig benennt Gumbrecht ja gerade das Nicht-Begriffliche als Kennzeichen der Stimmung. Stimmung verweist für ihn auf eine Latenz, ohne dass genau benannt werden könnte, was dort latent vorhanden ist. Er versucht sich dem Begriff mit einem Satz von Toni Morrison zu nähern und beschreibt Stimmung als das Gefühl, von innen berührt zu werden, ein körperliches Gefühl, das wir nicht einordnen können. Deshalb sind Stimmungen hauptsächlich dafür verantwortlich, die Vergangenheit in der Gegenwart wieder spürbar zu machen. Meine Protagonisten können sich von diesen Stimmungen nicht lösen, auch weil die Stimmungen ihnen beständig suggerieren, jeden Moment auf das stoßen zu können, was sie hervorbringt und bedingt, nämlich auf die latenten Inhalte. Aber genau hier taucht das Problem auf: Indem sie in einem ständigen Gefühl der gegenwärtigen Vergangenheit verharren, gibt es für sie keine Entwicklung. Sie sind den Stimmungen ausgeliefert, die Stimmungen rauschen durch sie hindurch und lähmen sie, unter anderem mit der Verheißung, durch sie ihre eigenen Bedingungen aufdecken zu können. Ich glaube auch, dass deshalb der Wahn in meinem Roman noch eine weitere Funktion erfüllt, nämlich dieses Verharren in der Stimmung zu durchbrechen. Es ist ein Wüten gegen die Latenz. Meine Protagonisten weigern sich, die latenten Inhalte im Bereich des Nicht-Erkennbaren zu belassen, sondern postulieren, oder besser erfinden sie einfach. Der Wahn gibt ihnen dazu die Möglichkeit. Wahn also als Möglichkeit, wider besseres Wissen zu handeln. Die bürgerliche Grundstimmung der Fünfziger- und Sechzigerjahre war in ihrem Beharrungsvermögen so stark, dass ihr selbst die Zukunftsfantasien unterworfen wurden. Die Zukunft, die immer im Jahr 2000 stattfand, war recht armselig und bestand nur aus einer Erweiterung der Gegenwart auf andere Planeten und dass wir unsere Nahrung in Form von Pillen zu uns nehmen. Aber das sind ja keine tatsächlichen Utopien, keine wirklichen Veränderungen, wie sie meinetwegen durch die Digitalisierung geschehen sind. Das Gefangensein in diesen Stimmungen zeigt sich ja besonders deutlich in der Unfähigkeit, das Andere zu denken. Das Andere ist maximal die Umkehrung dessen, was ist, aber nicht etwas wirklich anderes. Es bleibt also immer im Existenten verhaftet. In der Fernsehserie *Orion* lebt man dann unter Wasser und spielt so ein komisches Schach auf drei Ebenen. Man kann nur das, was man hat, noch ein bisschen abändern, aber eigentlich folgt alles dem Sinnbild des VW, der läuft und läuft und läuft. Es gibt auch keine Notwendigkeit zur Veränderung, man entwirft mal das Rückfenster ohne Mittelbalken, dann den Blinker nicht mehr zum Ausklappen, das ist alles.

F: Die Welt deines Teenagers ist von Vergangenheit gesättigt, das hat sicherlich auch viel mit Provinz zu tun. Die Provinz hat ihren eigenen zeitlichen Rhythmus, darüber hat Ernst Bloch in den Dreißigern geschrieben, und natürlich gilt das auch für die Zeit nach dem Krieg noch so. Meine Vorstellung von den Sechzigerjahren ist offenbar von städtischen Bildern geprägt. Wenn ich deine Beschreibung von Wiesbaden-Biebrich lese, kann ich kaum glauben, dass das im Jahr 1969 und nicht, sagen wir, 1953 spielen soll. Dieser Geruch nach Kohl und Scheuermitteln. Diese Mauve- und Altrosa-Töne, eigentlich die Farben von Innenorganen. Die einzigen Tupfer von Modernität, die einzigen kleinen Utopien, die vorkommen, sind Konsumartikel: Süßigkeiten, Tintenkiller, Polyesterkleidung. Besonders die sogenannten Scherzartikel haben es deinem Protagonisten angetan.

W: Der Scherzartikel ist doch auch ein faszinierendes Produkt. Allein die Vorstellung, dass irgendwo jemand in einem Büro sitzt und sich einen Kotzhaufen ausdenkt und den dann produzieren und vermarkten lässt. Ich will darin jetzt gar nicht eine großartige Symbolik für die kapitalistische Produktionsweise an sich herausarbeiten, sondern es eher als eine karikierende Spielart des Noir sehen, denn im Bereich des Scherzartikels herrscht auch eine bestimmte Art des Grauens. Da kann man Nägel durch Köpfe stoßen, Daumen abtrennen, künstliches Blut spucken, oder einfach nur eine Fliege in einem Stück Zucker finden. Anders als beim klassischen Noir ist hier die Fantasie comichaft entfesselt. Gleichzeitig greift der Scherzartikel das Idyll an, indem er das Unsaubere und Verdrängte zurückbringt. Ich erinnere mich deutlich an eine Seife, die beim Waschen die Hände schwarz färbte. Der Scherzartikel ist das in doppeltem Sinne befreite Produkt, nämlich zum einen befreit von einem gesellschaftlichen Sinn, zum anderen befreit von einer sinnvollen Benutzung, der es sich in der Regel verweigert. Es ist quasi das Produkt an sich und könnte somit fast das Symbol des Wirtschaftswunders sein. Für den Teenager sind die Scherzartikel Ausbruchswerkzeuge aus der geordneten und kontrollierten Realität. Darüber hinaus mag er sie als reine Gegenstände, denn er lebt als Jugendlicher noch in der Welt eines gewissen Mangels. Die Eltern leben im Wirtschaftswunder, lassen es sich gut gehen, sitzen vor Schinkenplatten und belegten Brötchen und reisen nach Italien. Die Jugend- und Gegenkultur aber ist durch den Mangel gekennzeichnet. Die Radio- oder Fernsehsendungen für Jugendliche sind an einer Hand abzuzählen und werden nur einmal im Monat ausgestrahlt. Auch die Modeartikel sind nur sehr unzureichend vorhanden und werden außerdem zusätzlich von Eltern und Schule eingeschränkt. Man kann es sich heute kaum mehr vorstellen, weil die Konsumkultur durch die Jugend geprägt ist und auf sie zielt. Damals hatten die Geschäftsleute noch moralische Werte und weigerten sich, Shake-Hosen zu verkaufen. Diese Bedenken wurden dann recht bald über Bord geworfen, als man gesehen hat, dass das nichts Vorübergehendes ist, sondern dass eine konsumfreudige Jugendkultur inauguriert wurde, die bis heute geblieben ist.

F: Das gilt ja auch den Historikern inzwischen als eigentliches Vermächtnis von '68. In politischer Hinsicht war die Studentenrevolte vielleicht in vielerlei Hinsicht ein Reenactment von ideologischen Frontstellungen aus der Zwischenkriegszeit. Als wirklich revolutionäres Ereignis muss dagegen der Durchbruch einer auf die Figur des Jungendlichen ausgerichteten Konsumkultur angesehen werden, so wie das für den Fall der USA die Fernsehserie *Mad*

*Men* beschrieben hat. In dem Maß, wie die Gegenkultur dem Konformismus der Mittelklasse entflieht, wird sie von den Werbern der Madison Avenue entdeckt und zum Prinzip eines neuen Marketings gemacht. Der junge Individualist als Leitbild des neuen Konsumenten. Sein Wunsch, anders als die anderen zu sein, hat es ermöglicht, die Produktpaletten zu erweitern und immer neue, redundante Unterschiede einzuführen. Es gibt diese wahnsinnig lustige Szene in *Borat*, in der Sacha Baron Cohen am Kühlregal eines amerikanischen Supermarkts steht und sich von einem Angestellten den Inhalt erklären lässt. Dutzende von Packungen, die alle Käse enthalten und für Borat alle gleich aussehen. Ich finde, dass dein Buch bestätigt, dass das die eigentliche gesellschaftliche Veränderung von '68 ist.

W: Im Zusammenhang von Jugend- bzw. Popkultur und Kommerz ist auch interessant, dass die Bands immer einen Manager haben, der in der Öffentlichkeit bekannt ist. Es gibt immer diesen fünften Beatle oder sechsten Stone, der alles organisiert und die Gruppe überhaupt erst entdeckt hat. Wenn man sich mit dem überwirft, dann gibt es einen zähen Rechtsstreit, und es können oft über Jahre keine Platten aufgenommen werden. Es gehört zu der entstehenden Jugendkultur dazu, dass auch der Geschäftsbereich recht offen liegt. Karajan hatte wahrscheinlich auch einen Manager oder zumindest einen Finanzberater, aber der tauchte nie in der Öffentlichkeit auf. Es war eben wichtig, ein Selfmademan zu sein, auch wenn einen in Wirklichkeit natürlich in der Regel die Nazis gemacht hatten. Deshalb sah man Karajan immer nur im eigenen Jet rumfliegen, von Salzburg nach Wien und von Wien nach Berlin, um überall die entsprechenden Philharmoniker zu dirigieren. Im Pop wird das nicht verheimlicht, Geschäft und Kunst gehören zusammen. Von der konservativen Seite kamen dann auch entsprechende Einwände, etwa dass die Monkees gar keine wirkliche Band seien, weil sie gecastet wurden und ihre Stücke nicht selbst komponierten. Die standen dann für das Unechte, und es wurde gesagt, das sind nur Schauspieler, die ihre Instrumente gar nicht spielen können. Oder eine Gruppe wie die Archies, die es nur als Comic gab und im Studio von ausgebufften und abgefeimten Studiomusikern nachgespielt wurden. Der Pop hat sich die Zuschreibung des Unechten sofort positiv angeeignet. Warhol hat gesagt: Klar, wir tragen Perücken und pfeifen auf Originalität, Leistung und Können. Zehn Jahre Konservatorium, ein Talent bildet nur im Stillen sich. Unsinn, wir treten gleich auf. Das war auch das Frische am Punk, der sich von vornherein diesem Drei-Akkorde-Diskurs verweigert hat, der beim Beat noch brav geführt wurde.

F: Auch bei den Sex Pistols ist ja bis heute nicht entschieden, ob die sich selbst erfunden haben oder ob das ihr Manager Malcolm McLaren war. In seiner Autobiografie hat Johnny Rotten deshalb nochmal ausdrücklich klargestellt, dass *no future* von niemand anderem als von ihm selber kam. Ich habe kürzlich durch Zufall mal wieder einen Mitschnitt von den Sex Pistols aus dem Jahr 1977 gesehen, wo sie »God Save the Queen« spielen. Was das für eine irre Performance und eine irre Botschaft war! »There's no future, no future, no future for you.« War das erst die Reaktion auf '68 oder ein Bogen, der sich über die ganze Nachkriegszeit spannt? In der Bundesrepublik gibt es solche Beobachtungen ja schon direkt nach dem Krieg, als Gottfried Benn ins zerstörte Berlin zurückkam und die Stadt als einen von Brennnesselwäldern überwucherten Mayatempel, als die Ruine einer untergegangenen Kultur schilderte, die in den Naturzustand zurückgefallen war. »Man wird hier noch eine Weile ideologische Draperien um politisch-historische Symbole ziehen«, schrieb er, »aber es ist eigentlich zu Ende.« Kurze Zeit später hat das Arnold Gehlen aufgegriffen und die Diagnose vom Posthistoire daraus gemacht, ein kristallin erstarrter Zustand, wie er schrieb, nach dem Ende der Geschichte. Im Fernsehen hat sich Gehlen damals öfter mit Adorno gestritten, aber wie ihr Briefwechsel verrät, waren sie sich, was die Diagnose des Posthistoire angeht, eigentlich ziemlich einig. Auch die *Minima Moralia* schildern ja eine Gesellschaft ohne Handlungs- oder Veränderungsmöglichkeiten, da alles, was sich noch bewegt, in Wirklichkeit längst abgestorben ist. Bloß fand Adorno problematisch, dass man nichts mehr machen kann, während Gehlen es als unausweichlich akzeptierte. So gesehen stellt sich '68 mit seinen ins Kraut schießenden Vintage-Utopien aus der

Vorkriegszeit wie ein kurzes Intermezzo dar, denn dann kamen die Sex Pistols und dann brach mit den Achtzigerjahren schon die Postmoderne an.

W: Aber ist es nicht so, dass die Parole *no future*, zwar erstmal eine ungeheure Befreiung bewirkt, aber im Grunde nicht durchzuhalten ist, weil sie sich selbst widerspricht, wenn ich sie morgen noch mal sage. Was ich sagen will: Punk ist als Geste wahnsinnig befreiend, weil es aufräumt, weil es sich einem Diskurs verweigert und weil es angeblich negative Begriffe positiv füllt, also keine Zukunft, *Pretty Vacant*, die Leere ist schön. Das ist seine Stärke. Sobald du aber damit eine eigene Zukunft entwickeln willst, wird die große Geste schal und du stößt sehr schnell an deine Grenzen. Im Grunde war Sid Vicious der einzige wirkliche Sex Pistol, weil er frühzeitig ausgeschieden ist aus dem Leben. Er hat die Zukunftslosigkeit in die Praxis umgesetzt. Die Geste war ja nicht neu, sie ist wahrscheinlich die des Pubertierenden, der alles auf eine Karte setzt und bereit ist, nicht über das absolute Jetzt hinauszudenken. Das hatten The Who auch schon: »Hope I die before I get old«, »I wanna cut myself and see my blood, wanna come home all covered in mud.«

F: Der eigentliche Sänger der jungen BRD war aber Paul Kuhn. »Es gibt kein Bier auf Hawaii« von 1963 war einer der großen Hits der jungen Bundesrepublik. »Es gibt kein Bier auf Hawaii, es gibt kein Bier, drum fahr ich nicht nach Hawaii, drum bleib ich hier.« In diesem Text kommt etwas zum Ausdruck, das Heinz Bude als Charakteristikum der

Bundesrepublik im Gegensatz zur DDR ansieht: Dort, im Zeichen des staatlich verordneten Antifaschismus, bildeten die Vergangenheit des Nationalsozialismus und die Zukunft des Sozialismus die Klammer oder vielleicht besser den Sinnhorizont, in den die Gegenwart und ihre progressiven Energien gestellt waren. Im postfaschistischen Westen existierte dagegen eine Gesellschaft ohne offiziellen Erfahrungsraum oder Erwartungshorizont, in reiner Gegenwart gefangen. Der einzige Grund, hierzubleiben, besteht darin, dass man in der BRD ein gepflegtes Bierchen trinken kann. Selbst die Ehe opfert Paul Kuhn der Stumpfheit des Weitersaufens, weil seine Braut in den Flitterwochen nämlich nach Hawaii fahren will. Aber da gibt es kein Bier. Also lieber keine Familie gründen. Das ist ziemlich radikal. Da klingt doch im Grunde schon sowas wie *no future* an.

W: Sein anderer Hit war: »Geben Sie dem Mann am Klavier noch ein Bier«. Da sind wir in der absoluten Schleife der Selbstreferenz gefangen, denn der Mann am Klavier soll ein Bier bekommen, damit er das Lied vom Mann am Klavier spielt, der ein Bier bekommt, damit er ... und so weiter. Hier wird ganz unverblümt deutlich, was das Schmieröl der neuen Republik war. Der Alkohol machte das Verharren in der Stimmung erträglich. Was aber unsere Theorie vom Noir in der BRD angeht, hat Bill Ramsey den entscheidenden Song geschrieben: »Ohne Krimi geht die Mimi nie ins Bett«. Den kann man entsprechend der von uns herausgearbeiteten Kriterien wunderbar analysieren. Natürlich liegen die Referenzen in den USA, nicht nur durch den Sänger, einem ehemaligen GI aus Cincinnati, sondern auch durch den Text, wo der Killer aus Manhattan eine Zyankalisuppe kocht, für den Richter, der ihn damals in Chicago eingelocht. Bei Bill Ramsey liest seine Mimi die besten Krimistellen laut, und zwar nachts im Bett. Es wird übrigens auch betont, dass sie keinen Goethe, keinen Schiller, sondern einen superharten Thriller liest. Und auch hier ist die angebotene Lösung des ehelichen Problems wieder der Gang in die Kneipe: »Mimi hat den Krimi und die Interpol und ich den Alkohol.« Alkohol scheint der Männerwelt vorbehalten und dort vor allem zur Selbstmedikamentierung im beginnenden Geschlechterkampf eingesetzt zu werden.

F: Für deine These spricht auch ein weiterer Titel von Paul Kuhn: »Bier, Bier, Bier ist die Seele vom Klavier«.

W: Das wäre dann eine Vorausnahme von Tom Waits: »The piano has been drinking – Not me«.

F: Wobei Tom Waits aber bestimmt nicht an Bier, sondern an Bourbon gedacht hat.

## *14. RAF II*

F: Wir haben die RAF bisher nur kurz angeschnitten. Wie verhält sich der Terrorismus zum BRD Noir?

W: Wenn wir jetzt nur mal versuchen, bei unserem Noir-Konzept zu bleiben, dann hat die RAF natürlich einiges zu der Entwicklung einer spezifischen Bildersprache beigetragen: angemietete Wohnungen in, wie es immer hieß, anonymen Hochhaussiedlungen, wo man in Schriftdeutsch beim Vermieter vorspricht und mit Bargeld die Miete zahlt. Wäre es übertrieben, allein schon aus dieser knappen Beschreibung den Zustand der BRD in ihrem konservativen Beharrungsvermögen herauslesen zu wollen? Denn die Existenz der RAF wird nicht etwa auf die mangelnde Bearbeitung der Vergangenheit und Weiterbeschäftigung von Tausenden Nazis in hohen Ämtern zurückgeführt, sondern im Gegenteil auf die Moderne mit ihrer Anonymität, dem Luxus, versinnbildlicht im Bargeld, und einem höheren Bildungsniveau, versinnbildlicht im Schriftdeutsch. Ähnliches konnte man auch im Fahndungsverhalten der Polizei feststellen, wo man sich lange Zeit gar nicht an den Fakten orientierte, sondern vor allem diejenigen beständig kontrollierte, die man als Aussteiger und damit Gegner der Republik ansah: Hippies in VW-Bussen.

F: Die hatten aber mit der RAF nichts zu tun. Der bereits erwähnte Friedrich Kittler hat einen Aufsatz geschrieben, der den Titel »Von Staaten und ihren Terroristen« trägt. Er stellt darin die These auf, dass Terroristen immer aus der Infrastruktur hervorgehen, die ein bestimmter Staat oder ein bestimmtes Imperium zu einem bestimmten Zeitpunkt auf einem bestimmten Stand der Technik eingerichtet hat. Die Trabantenstädte mit Autobahnanschluss, von denen aus die RAF am liebsten operierte, haben sich die Stadtplaner der Sechziger- und Siebzigerjahre ausgedacht, und deshalb sagt Kittler: ohne Erftstadt-Liblar, der Siedlung, in der Hanns Martin Schleyer 1977 gefangen gehalten wurde, keine RAF.

W: Ja, das ist sofort einleuchtend, und dann wird es auch klar, warum sich die Repressionen erst mal auf Landkommunen, Gammler und Hippies mit bunt bemalten Käfern gerichtet haben, die ständig angehalten und durchsucht wurden: Man leugnete die eigene Mitverantwortung und projizierte sie auf diejenigen Subjekte, die man als Feinde der eigenen Gesellschaft ausgemacht hatte. So ähnlich, wie wenn die Türkei sagt, wir bekämpfen den IS, und dann erstmal die Kurden bombardiert. Kein Terror kann so schlimm sein, dass man ihn nicht zuerst dafür ausnutzt, die zu bekämpfen, die einem ohnehin ein Dorn im Auge sind. Und genau durch diese Aktionen und Zuschreibungen der Zugehörigkeit wurde das Sympathisantentum dort dann auch wirklich genährt.

F: Karl Heinz Bohrer hat sich erinnert, wie ihm ein Frankfurter Adornoschüler in den Sechzigerjahren einschärfte, er müsse in der Stadt und am besten in einem Hochhaus wohnen, sonst habe er keine Chance, sich vom falschen Bewusstsein zu befreien. Anders als der rousseauistische Aussteigerflügel knüpfte die RAF mit ihrer Vorliebe für Betonbrutalismus also an die Avantgarde der Studentenbewegung an. Das Idyllische passte vielleicht auch aus ideologischen Gründen nicht in ihren Plan.

W: Wobei man irgendwann natürlich überall Wohnungen hatte. Selbst in Offenbach hatten sie eine, schräg gegenüber vom Polizeirevier.

F: Clever. So wie Klaus Lehnert, der Rinnelt-Entführer, den niemand für verdächtig hielt, weil er im selben Haus wie das Opfer wohnte.

W: *Biedermann und die Brandstifter*

F: Dabei ist Guerilla ja ursprünglich ein ländliches, oder wie es Carl Schmitt in den Sechzigerjahren ausdrückte, ein »tellurisches«, erdverbundenes Phänomen. Che Guevara eins zu eins in die BRD zu übertragen, hätte bedeutet, in den Odenwald oder in den Vogelsberg zu gehen. Ich glaube, Marco Camenisch, der Anarchist aus Graubünden, hat in der Schweiz so etwas ähnliches versucht. Die RAF verstand sich dagegen als Stadtguerilla, die in den Metropolen operierte. Das haben sie sich von dem brasilianischen Guerillatheoretiker Carlos Marighella abgeschaut.

W: Und ich frage mich gerade, weshalb man das eigentlich nicht gemacht hat. Warum steht das Ländliche der RAF so kontradiktorisch gegenüber? Warum verbindet man mit dem Land automatisch den Gedanken an Rückzug aus der Gesellschaft, den Versuch, sein eigenes Ding zu machen, also tatsächlich die Landkommune?

F: In Andres Veiels *Black Box BRD* versucht Wolfgang Grams, nach dem Mord an Alfred Herrhausen in einer Landkommune unterzuschlüpfen. Die wollen aber nicht und sagen ihm, er solle weiterfahren. Übrigens finde ich auch einen anderen Film von Veiel, *Die Überlebenden*, in unserem Zusammenhang interessant. Veiel folgt den Spuren dreier ehemaliger Mitschüler, die sich nach dem Abitur in Stuttgart in den Achtzigerjahren umgebracht haben, und zeichnet das Bild einer verstörten Gesellschaft nach. Von der Bundesrepublik als heiler Welt ist hier wenig zu spüren, ein klarer Fall von BRD Noir.

W: Wolfgang Grams, das ist ja die Wiesbaden-Connection, zu der auch Birgit Hogefeld gehört, dritte RAF-Generation. Aber wenn man jetzt noch einmal an die Anfänge zurückgeht, da gibt es diese tolle Allegorie, dass Ulrike Meinhof durch das Fenster in die Illegalität springt.

F: Woher kommt eigentlich diese Formulierung her? Das muss irgendein Journalist erfunden haben.

W: Damit wurde auch schon zu Anfang eine gewisse Legendenbildung betrieben. Ulrike Meinhof, die politisch aktiv war und viel publiziert hat, im Gegensatz zu Baader, der aus der Lederjacken-Fraktion kam, die etwas mit Jugendlichen und Gefangenenbefreiung versucht hat. Die treffen irgendwann mit ihren unterschiedlichen Ansätzen zusammen und dann gibt es kein Zurück mehr. Man befördert sich selbst in die Illegalität. Warum? Vielleicht auch um einem Diskurs auszuweichen?

F: Peter Rühmkorf, der Ulrike Meinhof aus Hamburg kannte, hat ihre Radikalisierung auf das Scheitern ihrer Ehe mit Klaus Rainer Röhl zurückgeführt. Davor war sie die Zierde des linksliberalen Hamburger Bürgertums gewesen, und als das zu Bruch ging, hat sie sich da herauskatapultiert. Ihr erster Gewaltakt bestand darin, die eheliche Villa in Blankenese zu verwüsten. Das war der Bruch mit dem bürgerlichen Lebensstil.

W: Das meinte ich mit Aussteigen aus einem gewissen Diskurs. Dass man sagt, ich versuche da jetzt nicht mehr irgendwie rumzumachen, ich schaffe es vielleicht auch nicht anders, und deshalb fangen wir jetzt mit etwas an, von wo wir nicht mehr zurückkönnen. Das zieht auch automatisch etwas nach sich: Du kannst jetzt mit einem Mal auch eine gewisse Solidarität einfordern, die du notwendigerweise brauchst. Nur um was ging es der RAF? Als Hauptmotiv wird genannt: Man will die unter dieser BRD liegenden, alten faschistoiden bis faschistischen Strukturen freilegen, indem man zeigt, wie der Staat reagiert, und indem man bestimmte Figuren des Staates, die auch eine gewisse Beziehung zur Vergangenheit oder zum Kapital hatten wie Schleyer, herausgreift und tatsächlich liquidiert.

F: Deswegen hielt Michel Foucault die RAF ja für einen Atavismus. Der Idee, dass sich hinter dem modernen Wohlfahrtsstaat der alte waffenklirrende Leviathan verbirgt, den man nur provozieren muss, damit er sein wahres Gesicht zeigt, hatte er seine Theorie der mikroskopischen Disziplinarmechanismen entgegengestellt, die gar nicht mehr auf Gewalt im alteuropäischen Sinne angewiesen sind. Für Foucault operierte die RAF mit einem Staatsbegriff, der schon seit 150 Jahren obsolet war. Ob er wusste, dass sie sich in Stammheim die Namen aus *Moby Dick* zulegten? Das wäre eine schöne Bestätigung gewesen. Baader war Ahab, der Jagd auf den Leviathan macht.

W: Ich habe mir den, im übrigen sehr sehenswerten Film *Starbuck Holger Meins* lange Zeit nicht angesehen, weil ich dachte, der hieße *Starbucks Holger Meins*, was ich wiederum für eine Variante von Prada-Meinhof hielt.

F: Aber was hat denn Starbucks mit Prada zu tun? So wenig wie Foucault und Deleuze, würde ich sagen, in ihrer Einschätzung des bundesdeutschen Terrorismus. Sie sollen jahrelang nicht miteinander geredet haben, weil sie in Bezug auf die RAF so unterschiedlicher Meinung waren. Aber besonders interessant ist für uns doch die Theorie der Latenz, die dem Terrorismus zugrunde lag: Mit der Idee, den latenten Faschismus zu entlarven, hat es die RAF offenbar wirklich ernst gemeint.

W: Interessanterweise schien diese Idee tatsächlich aufzugehen. Sofort zeigt sich der Apparat, der bislang eher unsichtbar war. Natürlich war deshalb auch ein starkes Argument gegen die RAF, dass sie die beginnenden Veränderungen in Kirche, Staat und Schule torpediert. Die Reformatoren wähnten sich kurz vor Erfüllung der Utopie, was sich in dem Schlagwort »Mehr Demokratie wagen« zusammenfassen lässt, während die RAF an einem überkommenen Dualismus festhielt. Betrachtet man es historisch, hatte die RAF anfänglich die besseren Argumente. Aktuell brauchte man sich damals nur Chile anzusehen, wo das Militär gegen Allende putschte. Versucht man nämlich, mehr Demokratie einzuführen, dann klappt das nicht, dann kommen die Militärs und machen das, was ihre Aufgabe ist, wie Enzensberger gesagt hätte. Und wenn irgendwo ein sozialistisches Experiment stattfindet, dann wird das von den kapitalistischen Ländern garantiert verhindert.

F: Auch in Griechenland, wo 1967 die Obristen putschten, war ja plötzlich der Faschismus da. Eine der ersten Maßnahmen der Militärregierung bestand darin, jungen Männer das Tragen langer Haare zu verbieten. Offenbar wussten sie genau, wo der Gegner steht.

W: Ja das sind ganz wichtige Beispiele, die man immer mitdenken muss, wenn man über die Sechziger- und Siebzigerjahre redet: Griechenland, Chile, der Vietnamkrieg natürlich. Und das überschnitt sich mit der Gegenkultur, in Griechenland werden langen Haare verboten, und nicht nur in Chile lag auf jedem Plattenteller Víctor Jara.

F: Zur These vom latenten Faschismus passt ja auch das Phantasma des Ausnahmezustands in den Siebzigerjahren, das Gefühl, die Realität sei fragil und könne jederzeit in etwas anderes umschlagen. Auch in deinem Buch gibt es diese düstere, unheilschwangere Atmosphäre, die sich aber nie in einem einschneidenden Ereignis entlädt. Deswegen wurden Walter Benjamin und später auch Carl Schmitt von Linken damals so gerne gelesen. Als Theoretiker des Ausnahmezustands bedienten sie dieses Geschichtsgefühl. Ein paar Jahre früher hatte die Große Koalition die Notstandsgesetze verabschiedet, wodurch die APO einen enormen Zulauf bekam und einen riesigen Sternmarsch auf Bonn organisierte. Die Protestierenden meinten, es kommt ein neues Ermächtigungsgesetz …

W: … und fanden sich in der eigenartigen Lage wieder, das Grundgesetz quasi gegen diejenigen zu verteidigen, die meinten, sie könnten es entsprechend abändern, weil sie es schließlich auch geschaffen hatten. Die Studenten waren unter anderem in diese Lage gebracht worden, weil man ihnen immer wieder mit dem Grundgesetz gekommen war, um ihre Proteste als sinnlos oder zumindest unnötig abzutun. Es hieß dann in der Regel: Wir haben ein einmaliges und wunderbares Grundgesetz, das so viel Freiheit wie noch nie garantiert. Davon hatte man sich lang genug mundtot machen lassen, und jetzt tritt die Regierung den praktischen Beweis an, wie freiheitlich dieses Grundgesetz tatsächlich ist, nämlich indem sie es ändern will. Sie haben sich damit enttarnt, und das hat damals Proteste aus allen Bevölkerungsteilen zur Folge gehabt. Gleichzeitig liegt in den Notstandsgesetzen ein genereller Angriff auf die demokratische Verfassung begründet, und die Frage Agambens, wie eine Rechtsordnung ein Gesetz zur eigenen Suspendierung enthalten kann, ist ja mehr als berechtigt. Es widersprach dem demokratischen Rechtsgefühl, dass sich in der BRD gerade herauszubilden begann. Trotzdem wurde es im Mai '68 einfach durchgezogen. Knapp zwei Monate nach den Kaufhausbrandstiftungen in Frankfurt, sodass die Notstandsgesetze zum Gründungsmythos der RAF gehören, der wie jeder gute Mythos auch etwas tautologisches hat: Die RAF bedingt die Notstandsgesetze, die wiederum die RAF bedingen.

F: Es ging darum, einen Schritt nach vorn oder vielleicht besser zurück auf dem Weg zur nationalen Souveränität zu machen. Dafür brauchte die Bundesregierung erstmal von den Besatzungsmächten grünes Licht. »Souverän ist, wer über den Ausnahmezustand entscheidet«, heißt es bei Carl Schmitt, der dabei an Kriege, Aufstände oder Naturkatastrophen denkt. Während die Terroristen die Gesellschaft spalteten, haben Naturkatastrophen immer wieder große nationale Momente kreiert. So wie bei dem Hochwasser in den Neunzigerjahren, als die Bundeswehr in den Oderbruch einrückte. Da müssen die Notstandsgesetze im Grunde ja auch zur Anwendung gekommen sein.

W: Ja, aber auch schon früher, 1962 bei der Sturmflut in Hamburg, als bei Helmut Schmidt der Oberleutnant der Wehrmacht wieder durchbrach und er die Parole ausgab: Auf Plünderer wird geschossen. Das wurde dann später durch die Notstandsgesetze legalisiert. Die waren eine weitere Fortschreibung hin zum status quo ante, mit der Wiederbewaffnung als erstem Schritt. Mit unserem heutigen Wissen über die ganzen Verflechtungen der Alt-Nazis in den Parlamenten und Ämtern ist das natürlich doppelt gruselig, weil man einfach zugeben muss, dass die RAF da etwas erspürt hat, was man spätestens heute nicht einfach als haltlos abtun kann.

F: Dass die Dinge nicht so sind, wie sie scheinen bzw. dass die latent faschistische Struktur des Staates manifest gemacht werden muss. Im Rückblick wird diese Diagnose auch deswegen nochmal interessant, weil nach der Wiedervereinigung ja tatsächlich so einiges ans Tageslicht gekommen ist, was in der Bundesrepublik verborgen war. Ich denke zum Beispiel an die SS-Vergangenheit der hochdotierten linksliberalen Literaturwissenschaftler Hans Robert Jauß und Hans Schwerte, der bis 1945 Hans Schneider hieß. Oder an die Wehrmachtsausstellung oder an den jahrelangen Missbrauch in der Odenwaldschule.

## *15. Evangelisch versus katholisch*

F: Die RAF hat, wahrscheinlich, um handlungsfähig zu werden, ein extrem manichäisches Weltbild aufgebaut. Es gab zwei Lager, die Revolutionäre und die »Schweine«, und jeder musste entscheiden, auf welcher Seite er steht. Diese Polarisierung scheint mir für die Bundesrepublik generell charakteristisch zu sein. Ich finde sie auch in deinem Roman in der Weltsicht des Teenagers wieder. Für den ist klar, dass es eine Trennung gibt. Daher stößt man kaum auf ambivalente Figuren. Die Eltern zum Beispiel gehören zu »denen«, genau wie die Frau von der Caritas.

W: Auch die Mutter?

F: Die Mutter ist so gut wie abwesend, vielleicht

ist das der Grund dafür, dass sie in ihrer Zugehörigkeit uneindeutig sein kann. Am Verhältnis zur Mutter entscheidet sich dann aber wiederum, in welchem Lager jeweils die anderen stehen. Diese extreme Polarisierung, das ist für mich ein bundesrepublikanisches Phänomen, besonders unter Intellektuellen und Akademikern, spätestens seit dem Terrorismus. Entweder man war dafür oder dagegen. Das ist ja in der Gegenwartsgesellschaft in dieser Form überhaupt nicht mehr denkbar. Wir haben das Gefühl einer viel größeren Komplexität. »Die neue Unübersichtlichkeit« nannte Habermas das schon in den Achtzigerjahren. Wenn man aus dieser Perspektive zurückschaut, ergibt die BRD ein beinah paradoxes Bild: auf der einen Seite das Biedermeier, die Provinzialität und die Entpolitisierung – und auf der anderen diese Spaltung, wohin man auch schaut.

W: Diese Lager lassen sich heute nicht mehr ausmachen. Heute spielt die CDU »Angie« von den Stones, wenn Angela Merkel reinkommt. Das ist eine Aneignung, und die geht quer durch alle Richtungen. Man kann Leute nicht mehr nach Frisur, nach Aussehen oder nach Musikgeschmack einteilen.

F: Diedrich Diederichsen hat das irgendwann mal im Bezug auf die Stimmung der westdeutschen Bohème in den Achtzigern festgestellt: Man las Baudrillard und glaubte, dass es keine Ideologien und keine Realität mehr gebe. Auf der anderen Seite war man bereit, sich jederzeit wegen seiner Überzeugungen in der Kneipe zu prügeln. Und wenn man sich selber nicht prügeln wollte, dann haben das die anderen getan. Ich habe den Eindruck, das ist heute nicht mehr so.

W: Naja, wenn du als Linker verprügelt werden willst, das geht heute auch noch, dann musst du nur in den Osten fahren.

F: Stimmt. In den Neunzigern muss das besonders extrem gewesen sein. Ein Freund aus Magdeburg hat mir das mal erzählt, da war man entweder Nazi oder Autonomer. In Sachsen-Anhalt kam damals der Begriff der »Stinos« auf, der Stinknormalen. Das war die kleine Fraktion derer, die sich nicht entscheiden wollten. Aus den Achtzigerjahren stammt aber auch der Spruch: »Wer von sich sagt, dass er weder rechts noch links ist, der ist immer rechts.« Vielleicht ist das bei den Jugendlichen von Magdeburg heute immer noch so.

W: Wir sind ja das Amerika für die neuen Bundesländer, da passiert alles zehn bis zwanzig Jahre später.

F: Keine Ahnung, ob das immer noch so eine einseitige Bewegung ist. Ich habe gehört, dass es in Niedersachen auf dem platten Land eine Menge Nazis gibt. Allerdings erkennt man die nicht mehr so einfach, das sind keine Skinheads, sondern die sehen wie Skater aus.

W: Ja, diese äußerlichen Codes sind verloren gegangen, weil sich das Ästhetische scheinbar vom Ideologischen abgekoppelt hat. Pfarrer oder Oberlehrer sehen nicht mehr ein, warum sie nicht auch ein Piercing oder ein Tattoo haben sollen, und Teenies laufen in Bomberjacken rum, die für mich nach Nazi aussehen, aber für sie eine ganz andere Konnotation haben. Das heißt, die Codes werden mehrdeutig, und entsprechend benötigt man mehrere Merkmale, um sich überhaupt noch ein Bild machen zu können. Musik, Kleidung, Frisur für sich genommen reichen da nicht mehr aus. Das wiederum entspricht aber auch diesem ideologischen Patchwork, das man besonders im Internet häufig antreffen kann, wo ich absolut nicht mehr sagen kann, um was es da noch geht: Hakenkreuz zwischen Sichelmond und Werbung für die FDP. Es ist wahrscheinlich nur noch privat aufzulösen. Man ordnet sich nicht mehr einer Mode oder Ideologie unter, sondern nimmt sich aus allen Bereichen das, was einem zusagt, vielleicht aber nur irgendwie schön aussieht. Vielleicht war einer der letzten authentischen Kämpfe der von den Punks gegen die Popper. Mit der Neuen Deutschen Welle diffundiert dann alles, weil die bereits mit einem pseudoironischen Gestus antritt: Ob wir das ernst meinen, das sei mal dahingestellt. Das ist natürlich der Unterschied zum Punk, so wie man ihn zu Beginn verstand, denn mit dem *Great Rock 'n' Roll Swindle*, überhaupt der Erfindung des Mockumentary, bricht auch diese Bastion zusammen. Und von da an gilt dann das, was Virgin für die Videoversion des *Rock 'n' roll Swindle* als Untertitel gewählt hat: »The Swindle Continues in Your Own Home.«

F: Das hat natürlich immer auch mit bestimmten Generationen zu tun. Ich glaube nicht, dass sich alles auflöst. Vielleicht verstehen wir die Zeichen der Jüngeren auch einfach nicht mehr so gut. Aber die extreme Lagerbildung, die beschränkte sich in den Siebzigern ja nicht nur auf die Subkulturen, sondern dehnte sich auf die Gesamtbevölkerung aus. Auf allen Ebenen gab es diese Dichotomien: Punks vs. Hippies, aber auch Blockbildung im Kalten Krieg, links vs. rechts, katholisch vs. protestantisch …

W: Kann es nicht sein, dass bis Ende der Siebziger noch eine gewisse Trennung herrschte, zwischen Provinz und Stadt, zwischen U und E, heiter und ernst, links und rechts und so weiter und dass dann eine Aushöhlung beginnt, wo du nicht entweder Liedermacher oder Blödelbarde bist, sondern beides? Du bist nicht entweder Schauspieler oder Politiker, sondern beides, und zwar nicht hintereinander wie Reagan, sondern gleichzeitig. Den Anfang dieser Entwicklung kann man ziemlich genau datieren, würde ich sagen. Es war der 6. Dezember 1973, als Walter Scheel bei Wim Thoelke in *Drei mal Neun* das Lied »Hoch auf dem gelben Wagen« sang und sich die Platte danach 300 000-mal verkaufte. Da wurde zum ersten Mal die Tür zum Showbusiness aufgestoßen.

F: Die Kulturindustrie hat alle Unterschiede eingeebnet? Das hat schon Adorno behauptet. Der hätte zu Scheel und natürlich zu Reagan eine Menge zu sagen gehabt. 1973 war übrigens auch das Jahr des autofreien Sonntags. Ölkrise, Club of Rome, plötzlich merkt die Bevölkerung, dass das Land stillsteht. Auch eines dieser vielen Jahre, in denen irgendwie die Gegenwart losgeht.

W: Ich fand in deinem Buch die Beschreibung interessant, wie der Protagonist Peter Gente ins Kino geht. Mit welchem Furor er sich Filme anschaut und gleichzeitig ein schulisches Bewertungssystem für diese Filme beibehält, mit 1+ und Fünfern.

F: Sehr selten aber nur. Er hat überwiegend Einser vergeben. Und weil er als Filmfan mit viel zu guten Noten einstieg, musste er dann immer bessere einführen: 1+, 1++ …

W: Diese Erfahrung, dass man zum Beispiel Hitparaden erstellt und ich ein Heft geführt habe, auf dem stand »Beatles-Heft für Frank Witzel«, so wie Deutschheft oder Rechenheft. Da habe ich alles ausgeschnitten, was ich über die Beatles gefunden habe, und eingeklebt. Das sind Strukturen und Bewertungssysteme, die erscheinen einem ganz logisch, die hinterfragt man erst mal nicht.

F: Gentes Benotungssystem, seine ganze Beflissenheit in diesen Dingen sind für mich ein Symptom für den etwas zwanghaften Versuch, sich wieder Kultur anzueignen, der für die deutsche Nachkriegsgesellschaft so charakteristisch ist. Friedrich Meinecke, der Doyen der Historiker, war ja sogar der Meinung, wenn man jetzt überall Goethe-Gesellschaften gründet, kann man die Scharte auswetzen, dann wird alles wieder gut. Aber auch unter den Jüngeren, den Studenten, grassierte ein Kultur- und Bildungshunger. Adorno, der 1949 zum ersten Mal nach Frankfurt zurückkam, hat das extrem erstaunt. Er hatte nicht damit gerechnet, dass die deutschen Studenten so kulturbegeistert sind.

Das fand er problematisch, denn in seinen Augen war die Kultur nach Auschwitz natürlich tot. Auf der anderen Seite hat es ihn aber auch sehr gefreut, denn schließlich war es der Grund für seinen eigenen Erfolg als Hochschullehrer. Für Gente und andere ebnete Adorno den Rückweg zur kompromittierten Kultur, indem er vorführte, wie man sich Kultur in Form von Kulturkritik aneignen kann. Das bekam bei Gente dann einen bürokratischen Zug: Benotung, Listen, Sammeleifer. Vom Rock 'n' Roll, der in den späten Fünfzigerjahren nach Deutschland kam, hat er als Adorno-Leser nichts mitgekriegt. Dabei machten die ein paar Jahre jüngeren Radiohörer im Grunde nichts anderes als er, wenn sie der wöchentlichen Hitparade folgten – wenn das damals überhaupt so hieß. Auch eine Form von Kulturkritik, die auf die Form der Liste angewiesen war.

W: Es gab im Hessischen Rundfunk eine Sendung, die Schlagerbörse hieß. Da deutet der Name bereits auf den Handel hin. Diese Schlagerbörse kam einmal in der Woche und war ein eher liebloses Runterspielen von Titeln, für die die Hörer mit Postkarten gestimmt hatten. Als es dann mit Beat und Pop anfing, wurde dieser Sendung aus zweierlei Hinsicht interessant: Zum einen positionierte sich der Beat, die Musik aus England und Amerika, gegen den deutschen Schlager, zum anderen gab es eine sehr rasche Entwicklung, wo in jeder Woche neue Singles oder sogar neue Bands erschienen. Die relativ eingeschlafene Szene wurde also lebendig.

Und da entstanden dann die sogenannten Hitparaden oder Top Ten.

F: Der ältere Bruder eines Freundes von mir fing damit irgendwann an. Ich kann mich noch erinnern, dass das in einen regelrechten Papierkrieg ausartete. Der hat die Titel aus dem Radio auf Kassette aufgenommen, um seine eigene Hitparade zu machen, über die er Listen führte, die in einem Leitz-Ordner abgelegt wurden. Eine Bürokratisierung des Pop, ein richtiger kleiner Verwaltungsapparat. Machen das alle Teenager, oder ist daran irgendetwas besonders deutsch?

W: Das heißt, man versucht sich erst mal eine Orientierung zu verschaffen, und um diese Orientierung zu bekommen, braucht man ein Ordnungssystem. Da wären wir schnell wieder bei Dichotomien, bei Dualismen. Man teilt erstmal ein. Das ist bestimmt ein Aspekt, aber der unterschlägt die Tatsache, dass man sich für das wahre Fantum eigentlich nicht entscheiden kann, dass man da quasi reingeboren wird. Ob man Beatles ist oder Stones, das ist so wie katholisch oder evangelisch.

F: Genau wie die Frage, für welchen Fußballverein man ist.

W: Qua Geburt oder Taufe gehört man diesem Bereich an und kann ihn auch nicht verlassen. Bei einer Lesung in Rostock sagte mir der Moderator: »Schade, dass der Protagonist deines Romans Beatles-Fan ist, weil in der DDR nur diejenigen für die Beatles waren, die keine Ahnung von Musik hatten. Wer Ahnung von Musik hatte, der war für die Stones«. Das ist natürlich keine Aussage über Beatles oder Stones, sondern über die Rezeption der westlichen Popmusik in der DDR, an die man mit einem Kriterienkatalog herangehen konnte, weil sie in einer gewissen Distanz verblieb. Karat oder Keimzeit oder was auch immer, das wäre ein adäquater Vergleich, bei dem sich sofort das Schicksalhafte ausmachen ließe. Natürlich kann man eine Band verlassen und konvertieren. Aber der Konvertit ist suspekt, weil er alles genau übernimmt, das Konservative eines Glaubens betont, wo doch jedes System, ob Religion oder Fanclub, eine Erneuerung und Veränderung braucht, um sich zu erhalten. Die kann der Konvertit nicht liefern, weil er sich am Vorhandenen orientiert.

F: Womit wir beim Thema Religion wären. Katholisch oder evangelisch, das ist in deinem Buch ja ein ganz entscheidender Punkt. Bei mir war das komplizierter. Eigentlich habe ich mich weder den Katholiken noch den Protestanten zugehörig gefühlt. Das lag an Göttingen, aber vor allem an meiner Familiensituation. Meine Mutter ist katholisch, hat einen streng katholischen Hintergrund und war auf einem katholischen Mädcheninternat. Mein Vater kommt aus einer protestantischen Familie, ist Naturwissenschaftler geworden und vertrat eine Auffassung, die man wahrscheinlich am besten als Agnostizismus bezeichnen kann. Mir ist erst viel später klargeworden, dass das für die Ehe meiner Eltern wahrscheinlich eine große Belastung war.

W: Aber der Katholizismus war doch die dominantere Religion, oder?

F: Schon, aber nur mit halber Konsequenz. Der Deal meiner Eltern war der, dass wir katholisch getauft werden.

W: Das war nicht der Deal deiner Eltern, das waren die Bedingungen der katholischen Kirche für so eine Mischehe.

F: Jedenfalls bin ich nur getauft worden. Weitere Sakramente gab es nicht. Ich bin nicht zur Erstkommunion gegangen und auch später nicht zur Firmung, und ich wollte das auch nicht, weil unter meinen Freunden so gut wie keine Katholiken waren. In Göttingen-Nikolausberg gab es die im Grunde nicht. Deshalb habe ich dann umgekehrt bei den Pfadfindern mitgemacht, CPD, Christliche Pfadfinderschaft Deutschlands, bis auf die Knochen protestantisch. Für unsere Gruppenstunden, die im Gemeindehaus stattfanden, mussten wir reihum die Andacht vorbereiten. Beim Konfirmandenunterricht war für mich als Katholik ein paar Jahre später aber dann natürlich Schluss. Die Protestanten wurden konfirmiert und bekamen einen Haufen Geschenke. Bei mir war gar nichts. Ich saß dazwischen und gehörte weder den einen noch den anderen an. Wenn ich mal in einer katholische Kirche war, durfte ich nicht die Kommunion empfangen. Auch da wieder: Stigma. In beiden konfessionellen Umgebungen war ich irgendwie illegitim.

W: Weil du aus einer Mischehe stammst.

F: Das war mir damals gar nicht so bewusst. Im

Vordergrund stand in Göttingen die Diasporaerfahrung. Wir Katholiken wurden zum katholischen Religionsunterricht aus allen Parallelklassen rausgepickt. Da saßen die Außenseiter zusammen, Emigrantenkinder, Italiener, Polen und Kroaten.

W: Die es bei mir zum Beispiel noch nicht gab.

F: Mit denen hatte ich Religionsunterricht und musste Bibelstellen lesen, während die Protestanten bastelten oder darüber redeten, was Pubertät bedeutet. Die durften im Klassenzimmer rumlaufen und sich an den Tisch von den Mädchen setzen. Zumindest habe ich mir das so vorgestellt, vielleicht war das eine Projektion. Auch unsere Lehrer waren anders, Pater Riedel zum Beispiel, dessen Augen in zwei unterschiedliche Richtungen zeigten und der für uns die Aura eines Triebtäters hatte. Der brachte einen Fernseher und einen Videorekorder mit und hat uns Filme wie *Ghost Busters* gezeigt. Wahrscheinlich hatte der selbst keine Lust auf Unterricht.

W: Pater Riedel war ja auch strafversetzt nach Göttingen.

F: Vermutlich.

W: Das ist anzunehmen. Man wird in die Diaspora strafversetzt. Da kommt man als Pater Brown mit seiner Spardose in Form einer Kirche und will etwas neu aufbauen. Das ist ganz interessant als Parallelerfahrung, was du erzählst. Ich bin ja auch in der Diaspora groß geworden als Katholik, aber mir war es gar nicht bewusst, dass es sich um eine Diaspora handelte. Das wurde erst deutlich, als ein Priester zu uns kam, um uns in der Kirche zu missionieren und unseren Glauben zu festigen. Ich und mein Umfeld hätten überhaupt nicht katholischer sein können, aber es ist ja natürlich ein ganz anderer Katholizismus, der sich da im protestantischen Hessen herausbildet. Protestantisch würde ich auch, wie du es getan hast, immer mit einer gewissen Säkularisierung gleichsetzen: Es geht um den Menschen und um einen Humanismus, nicht um konkrete Glaubenslehren. Man wird nicht mehr gepeinigt. Die Beichte ist abgeschafft, ein ganz zentrales Element. Mir wurde erst in dem Moment bewusst, dass ich in einem Katholizismus aufgewachsen bin, der sich seinem Umfeld angepasst hat.

F: Wie klein oder groß war denn die Insel der Katholiken? War das ganz Wiesbaden oder nur der Stadtteil, oder wart ihr, so wie ich das in Göttingen erlebt habe, eher über die Stadt verstreut?

W: Nein, so kann man das nicht sagen. Es gab dort große und starke katholische Gemeinden. Allein in Biebrich gab es drei katholische Kirchen. Und das war nicht so, dass da nur ein paar alte Mütterlein saßen, es gab ein richtig großes Gemeindeleben: an jedem Wochentag Messe und an den hohen Festtagen zwei, drei Gottesdienste, Abendandacht, Marienandacht. Auch die Kirchenchöre und Pfadfindergruppen waren gut besucht. Wenn man es sich heute anschaut, dann sind mittlerweile ein halbes Dutzend Gemeinden zusammengelegt. Damals gab es allerdings auch allein für unseren Stadtteil, wo vielleicht zweitausend Leute lebten, drei Friseure, vier Bäcker und fünf Metzger.

F: Das war noch klassischer Einzelhandel, auch in Bezug auf die Gemeinden. Und wie war es in der Schule? Wart ihr da als Katholiken in der Minderheit?

W: Ich habe den Anteil eigentlich als ziemlich ausgeglichen empfunden. Natürlich überwogen in Hessen die Protestanten, aber im Gemeindeleben hat man das nicht gespürt, eben nur in der Art des Katholizismus. Wir waren mit den Pfadfindern einmal in Bayern und haben eine Glockengießerei besichtigt. Der Glockengießer hat uns ein paar Glocken gezeigt und gesagt, dass es sehr aufwändig und teuer sei, in jede Glocke einen Bibelvers einzugravieren. Da habe ich mich gemeldet und gefragt, warum man das dann überhaupt macht, weil das oben im Glockenturm ohnehin kein Mensch sieht. Statt mir zu antworten, schaut mich der Glockengießer nur an und fragt: Bist du evangelisch? Das war ein Zeichen der Diaspora, ich kam auf Gedanken, auf die man als Katholik normalerweise nicht kommt. Ich wiederum hatte mir unter Diaspora eher ein Sumpfgebiet hinter Göttingen vorgestellt. Dann erscheint bei uns ein Missionar mit einem großen Holzkreuz, das er ins Mittelschiff legt. Darauf kommen Schokoladentafeln. Wenn ihr diese Woche jeden Tag zur Frühmesse kommt, sagt er, dürft ihr euch am Freitag eine halbe Tafel nehmen.

F: Kam der direkt aus Rom, oder war der von der Diözese entsandt?

W: Von der Diözese. Heute kann ich verstehen, dass unsere Gemeinde aus der Sicht einer tief katholischen Gegend wie Bayern oder dem Rheinland, wo der Glaube überall präsent ist, säkularisiert und in Gefahr erscheinen musste. Nicht nur unsere Kirche war recht schmucklos, auch inhaltlich wurden Leid, Arbeit und Buße, also eher protestantische Werte, betont. Aus solchen Gemeinden kommen dann Gedanken wie die der Ökumene.

F: Für mich hat der Protestantismus eigentlich immer das Normale und der Katholizismus die Abweichung dargestellt. Das lag an Pater Riedel, an der Diaspora, aber vielleicht auch daran, dass mein Vater das irgendwie so sah. Kann man das auf die Bundesrepublik als ganze übertragen, gab es da überhaupt eine hegemoniale Konfession? Es gibt ja einerseits die preußische Tradition, Bismarck, Reichsgründung, Kulturkampf usw., da wurden die Katholiken in die Defensive gedrängt und haben deshalb seither auch ihre eigene Partei. Doch dann kam der Krieg, die Bundesrepublik wurde gegründet mit Bonn als Hauptstadt, und der Katholik Adenauer gewann überraschend die erste Bundestagswahl.

W: Ich würde die Bundesrepublik auch hier dualistisch geteilt sehen. Heute würde man von einem anderen Dualismus sprechen, mit den Christen zusammengefasst auf einer Seite. Der Dualismus zwischen Katholizismus und Protestantismus, das ist BRD.

F: Mir fällt immer wieder auf, dass ich gar nicht mehr in diesem Bewusstsein aufgewachsen bin, dass bestimmte Gegenden in Deutschland oder bestimmte Städte durch die Kultur einer bestimmten Konfession geprägt sind. Vor allem wenn ich mich mit älteren Westdeutschen unterhalte, die das sozusagen noch riechen können, so wie ich instinktiv an bestimmten Indikatoren erkennen kann, ob ich mich gerade im ehemaligen Ost- oder Westdeutschland befinde. Der Protestantismus in Halberstadt war ganz anders als der in Braunschweig ausgeprägt, der Katholizismus in Wiesbaden hatte wenig mit dem in Bayern zu tun usw. Das ist ein Wissen, über das auch du noch zu verfügen scheinst, das mir und den meisten meiner Altersgenossen aber schon weitgehend verlorengegangen ist.

W: Da war die Säkularisierung schon viel weiter fortgeschritten.

F: Genau. Ich glaube, die Siebzigerjahre waren dafür das entscheidende Jahrzehnt. Da wurden viele konfessionelle Milieus von der Säkularisierung getroffen und verloren ihre starke Prägekraft. Deshalb war das in meiner Kindheit zwar immer noch spürbar, spielte aber keine so große Rolle mehr. Du musst diese Entwicklung noch miterlebt haben. Die katholische Kirche deiner Kindheit, gab es die irgendwann nicht mehr?

W: Ich glaube, dass das Zweite Vatikanische Konzil sehr prägend war. Abschaffung des römischen Ritus, kein Latein mehr, sondern Deutsch, Einführung der Handkommunion, das habe ich beides miterlebt.

F: Das Zweite Vatikanum fand in den Sechzigerjahren statt.

W: Genau, es dauerte allerdings noch etwas, bis das alles in den Gemeinden umgesetzt wurde. Man hatte davor als Ministrant viel stärker mit dem Priester kommuniziert und interagiert. Das wurde zurückgenommen. Es tauchten überall Laien auf, die stärker in den Ablauf der Messe miteingebunden werden sollten. Der Altarraum wurde umstrukturiert, damit der Priester nicht länger mit dem Rücken zur Gemeinde stand. Man kann es eigentlich so zusammenfassen: Vor dem Zweiten Vatikanischen Konzil war es eine geschlossene Veranstaltung vorn im Altarraum. Der Priester hat dort mit seinen Gehilfen etwas aufgeführt und sich nur zur Predigt umgewandt und deutsch gesprochen. Schuldbekenntnis, Eucharistie, die wesentlichen Teile der Messe wurden im Beisein, aber gleichzeitigem Ausschluss der Öffentlichkeit zelebriert. Das hatte eine starke Symbolkraft. Jetzt bezieht man die Gemeinde mit ein, spricht generell deutsch, zeigt, was man da macht. Darin liegt natürlich auch ein protestantisches Element. Die Mittlerrolle des Priesters bekommt weniger Bedeutung. Das würde ich als eine Zäsur ansehen, die dann in den Siebzigerjahren immer weiter ausgebaut wurde und natürlich alle möglichen gegenreformatorischen Kräfte freisetzte.

F: Die Piusbrüder, Bischof Lefebvre, deren Ausschluss aus der Kirche erst Papst Benedikt XVI. wieder rückgängig gemacht hat.

W: Für mich hat sich die Einteilung zwischen den beiden Religionen tatsächlich noch auf alle Gebiete und bis in die Freundschaften hinein erstreckt. Deshalb gibt es in meinem Buch auch eine Stelle, wo der Teenager die Bands nach der Religionszugehörigkeit einteilt. Die Beatles sind natürlich katholisch, die Rolling Stones dementsprechend als Widersacher und Vertreter des Antichristen protestantisch, und dann geht es immer weiter: Kinks katholisch, Who leider protestantisch. Das sind natürlich rein intuitive Zuschreibungen, die sich kaum auf tatsächliche Merkmale stützen können. Denn man könnte die Rolling Stones umgekehrt auch leicht als Katholiken sehen, mit ihrer Fixiertheit auf den Satan, auf der anderen Seite sind sie natürlich Protestanten, weil sie die Arbeit in den Vordergrund stellen. Am Ende kommen sie direkt aus der katholischen Diaspora.

F: Ob das die Protestanten genauso eingeteilt haben? Warum waren denn die Beatles Katholiken?

W: Um es genau auszudifferenzieren: Paul, John und George sind Katholiken, Ringo ist Protestant. Das ist einfach die Zustandsbeschreibung einer Gefühlslage.

F: Das erinnert mich an den Sketch von Lenny Bruce, in dem er die Welt in *jewish* und *goyish* einteilt: Al Jolson: goyish, Ray Charles: jewish, Camel: goyish, Marlboro: jewish usw. Am besten gefällt mir die Klassifikation der Truppenteile: Das Marine Corps ist goyish, während die Air Force jewish ist. Das stammt übrigens auch aus den Sechzigerjahren. Eine Form des mythischen Denkens, hier freilich durch Ironie gebrochen. Dass die Beatles katholisch waren, hast du als Teenager im Gegensatz dazu wahrscheinlich ganz ernst gemeint.

## *16. Mick Jagger war ein Beatle*

W: Auf jeden Fall. Nur so konnte es überhaupt zu diesem traumatischen Ereignis kommen, das ich im Roman beschreibe: Der Teenager sitzt im Sommer 1967 vor dem Fernseher und schaut sich eine der ersten gemeinsamen Eurovisionsübertragungen an, zu der jedes europäische Land einen kurzen Filmbeitrag beisteuerte. Die BBC hat die Beatles mit einem neuen Song angekündigt. Das war »All You Need Is Love«. Und dann sieht man das Studio und die Beatles, aber zu deren Füßen, da sitzt mit einem Mal Mick Jagger. Und das kann der Teenager nicht verstehen, das ist ein Schock für ihn, den man vielleicht mit dem Zweiten Vatikanischen Konzil vergleichen kann, wenn mit einem Mal vorhandene Strukturen und Werte und die damit verbundenen Dichotomien aufgelöst werden. Hier fand quasi eine ökumenische Annäherung im Pop statt. Aber gerade weil er das nicht versteht, denkt er sofort über die Bedeutung des Ganzen nach. Dieses Nachdenken ist aber davon geprägt, dass er die alten Einteilungen aufrechterhalten will, denn er überlegt, ob Mick Jagger den Beatles unterlegen ist, weil sie ihn schließlich eingeladen haben und damit eine synkretistische Stärke beweisen, da sie das Andere nicht abweisen müssen, sondern einfach inkorporieren. Oder ist Mick Jagger doch der Stärkere, der als Antichrist fröhlich klatschend die Beatles unterwandert, aushöhlt und am Ende zur Auflösung zwingt, während sein Glaubenssystem bis in alle Ewigkeit weiterbesteht, denn fünfzig Jahre sind im Pop mehr als eine Ewigkeit. Es ist der Zusammenbruch eines Werte- und Ordnungssystems.

F: Wenn dualistische Weltbilder zusammenbrechen, ist das immer eine verstörende Erfahrung.

W: Ja, weil das Ordnungssystem nur Ordnung schaffen kann, indem es einen beliebigen Wechsel innerhalb der Einteilungen erst einmal ausschließt. Es gibt Grenzlinien, die können nicht einfach überschritten werden, ohne das ganze System infrage zu stellen.

F: Die Guten und die Bösen sind nicht einfach so austauschbar. Dabei muss ich an Odo Marquard denken, den Philosophen aus der Ritter-Schule, der ein Buch über Aufstieg und Niedergang der Geschichtsphilosophie in der Bundesrepublik geschrieben hat. Ein viel zitierter Suhrkamp-Band der Siebzigerjahre. Der Skeptiker Marquard rechnet darin mit dem geschichtsphilosophischen Denken ab, mit der Idee einer großen Erzählung und eines Telos der Geschichte, die er von Marx und Hegel bis zu ihrer späten Blüte bei den spöttisch belächelten Achtundsechzigern verfolgt. Ein Charakteristikum, das ihm die Geschichtsphilosophie besonders suspekt macht, ist ihr zwanghafter Hang zur Lagerbildung. Weil die Dinge sich nicht so entwickeln, sagt Marquard, wie die Theorie voraussagt, muss es immer irgendeinen Bösen geben, den man dafür verantwortlich machen kann, dass er den Fortschritt aufhält. Denn alle, die sich auf die Geschichtsphilosophie berufen, sehen sich selber natürlich bei den Guten, was umgekehrt heißt, sie haben von den Bösen einen klaren Begriff. Wenn Marquard recht hat, kann das die Polarisierung des intellektuellen Klimas in der BRD erklären, denn wer an den intellektuellen Debatten teilnahm, hatte meistens irgendeine geschichtsphilosophische Idee. Damals war ein ausgeprägtes Bewusstsein von Freundschaft und Feindschaft vorherrschend, und insofern trifft Karl Heinz Bohrers Beobachtung von der unpolitischen Bundesrepublik, zumindest was ihre Intellektuellen betrifft, eigentlich überhaupt nicht zu. Noch in den Achtzigern waren diese bereit, sich für ihre Überzeugungen zu prügeln. Und dann kam die Postmoderne und verkündete, dass es keine großen Erzählungen mehr gibt. Und wo stehen wir heute? Ich würde sagen, die Geschichtsphilosophie hat ein ungewisses Erbe hinterlassen, denn der Gestus der Postmoderne, sich an den großen Erzählungen abzuarbeiten, hat sich selbst in der Zwischenzeit erschöpft.

W: Wurde die Postmoderne in der allgemeinen Rezeption nicht sehr schnell zur Chiffre für Beliebigkeit und Willkür? Postmodern wird heute noch gern als Negativzuschreibung für all das benutzt, was man selbst nicht sein will.

F: Wenn man an die Dekonstruktion denkt, ging es immer darum, klare Unterscheidungen zu unterlaufen und zu zeigen, dass da irgendein gewaltsamer Ausschluss oder eine Verkennung drinsteckt. Wenn man »katholisch vs. evangelisch« oder »Beatles vs. Stones« behauptete, als quasi naturwüchsige Unterscheidung, dann brachte man diesen Theorieapparat gegen sich in Gang. Weil Mick Jagger nämlich immer schon auch ein Beatle war. Der erste Chartserfolg der Stones, »I Wanna Be Your Man«, wurde ja von Lennon und McCartney geschrieben. Vielleicht hat das zu gut funktioniert und ist daher in den Neunzigerjahren irgendwann zu einem Jargon geworden

W: Die Dekonstruktion setzt die große Erzählung voraus und braucht sie vielleicht sogar als Nährstoff. Dadurch entsteht ein beständiger Wechsel, ein Hin- und Herschwingen.

F: Und zugleich ist die Dekonstruktion vielleicht selbst die letzte große Erzählung oder das letzte starke Paradigma gewesen, zumindest an amerikanischen Universitäten, das den notwendigen Glanz entfalten konnte, um gute *undergraduates* in die *literature departments* zu holen. Wer in Dekonstruktion geschult war, konnte jede Seminardiskussion für sich entscheiden. Der war Teil einer theoretischen Mission. Ich glaube, das ist inzwischen nicht mehr so. Inzwischen ist die Dekonstruktion ein Paradigma unter anderen. Dieses *anything goes* hat der Theorie einen Großteil ihrer Faszination geraubt.

W: Aber ist nicht Feyerabends *anything goes*, ähnlich wie *no future*, eine Parole, die sich immer wieder selbst erneuern muss, weil sie sonst stumpf wird? Könnte man vielleicht sagen: Je stärker die Wirkung einer Parole, desto weniger lässt sie sich wiederholen? Einerseits hatte das *anything goes* etwas Befreiendes, hatte aber bereits damals, quasi dialektisch, die Gegenbewegung mit im Gepäck. Man kann das noch an einem anderen Beispiel aus der Literaturgeschichte verdeutlichen. Helmut Heißenbüttel, den ich sehr verehre, hat sich bereits in den Fünfzigern sehr dafür eingesetzt, dass man die Kategorisierungen der Genres aufbricht und sich anschaut, was es Interessantes im Kriminalroman oder in der Science-Fiction gibt. Was würde er sagen, wenn er wüsste, dass in der allgemein herrschenden Literaturrezeption der Krimi zum allgemeinen Referenzpunkt avanciert ist? Ich habe neulich im Deutschlandfunk eine Sendung gehört, in der ein relativ komplexer literarischer Roman besprochen wurde. Mehrfach sprach der Moderator davon, dass dieses Buch wie ein guter Krimi geschrieben sei, die Spannung eines Krimis habe und so weiter. Es war wirklich unerträglich, gerade weil das dem Rezensenten selbst gar nicht mehr auffiel. Und wenn man sich die Bestsellerlisten anschaut, da finden sich fast ausschließlich Krimis oder Romane, die etwas Krimihaftes haben. Die Unterscheidung von E und U ist weggefallen, und wir alle, die wir jahrzehntelang in gewissem Sinne für genau diese Aufhebung gekämpft haben, stehen jetzt vor einer Dominanz des U, mit der alles abgewehrt wird, was angeblich »schwierig« ist und nicht genügend unterhält.

F: Jetzt redest du schon wieder wie ein Adorno-Leser. Das Kulturindustriekapitel liegt dir eben doch im Blut! Andererseits glaube ich dir sofort, dass du jahrzehntelang für die Aufhebung der Unterscheidung von E und U gekämpft hast. Im Grunde ist es das, was mir an deinem Buch so gut gefällt. Vielleicht lässt sich das so ausdrücken, dass man sagt, du hast einen experimentellen Genreroman geschrieben. In der Form sehr anspruchsvoll und avantgardistisch, auf der anderen Seite aber ohne diesen Kunstanspruch, der für einen Großteil der deutschen Nachkriegsliteratur so typisch ist. Ich würde sagen: Genre. Und deshalb gleich behaupten: Du bist der James Ellroy des BRD Noir. Im deutschen Fernsehen macht das in meinen Augen Dominik Graf, der eigentlich immer gesagt hat, er will Genrefilme machen, aber mit avancierten Mitteln. Das finde ich toll, und das trifft in gewisser Weise auch für dein Buch zu. Oder empfindest du das als Beleidigung, wenn jemand sagt, du hast einen Genreroman geschrieben?

W: Überhaupt nicht, deswegen war ich so froh, dass du diesen Begriff geprägt hast.

F: Weil es dieses Genre eben noch nicht gab.

W: Das du damit kreiert hast. Aber lass uns doch noch mal kurz einen Schritt weitergehen. Könnte man vielleicht sagen, dass sich das Noir der BRD von den Triebtätern und Entführern der Fünfziger- und Sechzigerjahre über den politisierten sozialdemokratischen Tatort der Siebziger und Achtziger in die Unterhaltungsindustrie hineinverlagert hat, die alles an Grauen toppt, was die Realität noch zu bieten hätte? In der Unterhaltungsindustrie wird ja das kapitalistische Element des Wachstums- und Steigerungsdenkens ganz deutlich. Man muss sich gegenseitig an Grausamkeiten überbieten, und das führt dann zur eigenen Aufhebung. Ich habe das Gefühl, dass wir an einer Art Endpunkt angekommen sind, was den Krimi angeht. Wenn man sich vor diesem Hintergrund noch einmal den Tatort anschaut, kann man erkennen, dass sie ganz verzweifelt nach einem Ausweg aus der selbst angesteuerten Sackgasse suchen. Ihnen fällt nichts mehr anderes ein, als auf der einen Seite immer dieselben Urängste zu aktivieren, indem sie fast nur noch Kindstötungen zeigen, oder in eine Art billigen Slapstick auszuweichen. Die wirklich innovativen Tatorte, die ich in den letzten Jahren gesehen habe, waren die, die das Genre zu Grabe getragen haben, indem sie sich als unwirkliche Oper oder als selbstreferenzielle Darstellung eines Tatort-Drehs inszeniert haben. Die konservative Kritik forderte danach auch ganz schlüssig die Abschaffung des Tatorts, weil er mit einem Mal nicht mehr richtig unterhält, sondern in einem letzten Aufbäumen elitär wird. Das Elitäre bricht jetzt in die Unterhaltungsindustrie ein, so wie früher das Grauen des Noir in die Normalität. Und gibt es vielleicht auch deshalb kein Noir mehr, weil das eine gesellschaftliche Ordnung voraussetzt, genau diese Ordnung aber nicht mehr existiert?

F: Ich würde ja sagen, dass Noir nicht das Elend des Kapitalismus, sondern eine bestimmte Form seiner Darstellung ist. Die Abgründe der Unterhaltungsindustrie, sagen wir des Musikantenstadls, zu zeigen, das wäre doch erst Noir. Deshalb hat das auch eine kritische Komponente: Kritik nach dem Verlust des Glaubens, dass sich alles ändern kann. Unter den Autoren des LA Noir befanden sich jedenfalls erstaunlich viele Linke, desillusionierte Linke, denen der amerikanische Traum, den sie selbst produzierten, plötzlich unheimlich geworden war. Vielleicht gilt das ja auch für ihre deutschen Kollegen, zumindest für die, die die *Minima Moralia* gelesen haben. Im Grunde bringt dich BRD Noir doch zu deinen Anfängen in den Siebzigerjahren zurück.

W: Das würde auch erklären, warum ich gewisse Widersprüche nicht auflösen kann.

*Frank Witzel*

## BRD Chamois

»Unglücksfälle und Verbrechen«, so lautet der Titel eines Textes von Walter Benjamin, in dem er ein spezifisches Gefühl aus seiner Kindheit um neunzehnhundert beschreibt, ein Gefühl, in dem diese Unglücksfälle und Verbrechen zuallererst mit einer Hoffnung verbunden zu sein scheinen, denn der Text beginnt mit dem Satz: »Die Stadt versprach sie mir mit jedem Tag aufs neue und am Abend war sie sie schuldig geblieben.« Das ist erstaunlich, denn Benjamins *Berliner Kindheit* ist vom Unheimlichen durchzogen, ähnlich wie Adornos stilistisch verwandte *Minima Moralia* von der Melancholie. Bedrohliche Figuren aus Märchen und Realität tauchen neben erschreckenden Ereignissen auf, wie etwa dem nächtlichen Einbruch einer Diebesbande in das Elternhaus, und doch scheint dem, was Benjamin mit Unglücksfällen und Verbrechen meint, eine Art Verheißung innezuwohnen – beinahe etwas, das er an anderer Stelle mit dem Begriff der Aura fassen wird, denn auch das Grausame enthüllt sich immer nur als das bereits Vergangene, von dem allein Spuren zurückbleiben: »Ein ausgeraubtes Schaufenster, das Haus, aus dem man einen Toten getragen hatte, die Stelle auf dem Fahrdamm, wo ein Pferd gestürzt war«. Ist es noch existent, so erscheint es hinter Milchglasscheiben, Eisenstäben oder geschlossenen Läden dem Blick entzogen. Auch bleiben die »Vorsehungen« gegen das Unglück, wie etwa die Rettungsringe auf den Brücken, unbenutzt, sodass Benjamin sich schließlich in die Frage versteigt: »Hätte man ihm nicht nachhelfen mögen – dem Tod, dem Feuer oder auch nur dem Hagel, der gegen meine Scheiben trommelte, ohne je sie zu durchschlagen?«

In der BRD der Nachkriegszeit hatte man das Grauen, das längst die Kategorien des Unheimlichen überschritten hatte, gerade hinter sich gelassen. Etwas heraufbeschwören zu wollen, das die neu erworbene Ordnung hätte gefährden können, stand allen fern. Und doch gab es in der neuen Bundesrepublik ebenso Unglücksfälle und Verbrechen, gab es vor allem das Verschwiegene, so als würde die BRD genau am letzten Satz von Benjamins Text ansetzen, mit dem er das Gefühl des Ungenügens beschreibt, nachdem er einem Feuer und dessen Bekämpfung beigewohnt hatte: »Keiner wollte einem bestätigen, es sei angelegt worden.«

Kindheit in der BRD der Neunzehnhundertfünfziger- und Sechzigerjahre hatte vor allem mit dieser mangelnden Bestätigung des Grauens zu tun. Obwohl immer noch als Stimmung erahnbar, tauchte es nur vereinzelt auf und wurde sogleich mit Begriffen von Trieb und Unzurechenbarkeit bedeckt und in den Gewölben von Anstalten versteckt. Welche

Darstellung dieses Grauen in den Medien fand, lässt sich exemplarisch an einem Film zeigen, der 1958 in die Kinos kam und den ich, verbotenerweise und heimlich, was zu seinem Grauen noch beitrug, zur Zeit meiner Erstkommunion in Abwesenheit meiner Eltern allein im Fernsehen anschaute. Der Reiz des Verbotenen war dabei durchaus zwiespältig, denn ich ahnte, dass mich die Thematik des Films einerseits überfordern, genau diese Thematik mir jedoch andererseits Geheimnisse der Erwachsenenwelt entschlüsseln könnte.

Bezeichnenderweise lautete sein Titel *Es geschah am hellichten Tag*, so als wollte er den Arendt'schen Begriff von der Banalität des Bösen unbewusst vorausnehmen. Die Motive dieses Films, eher noch die Erinnerung daran, haben mich viele Jahre unterschwellig begleitet, ohne dass ich die Bilder, die sich mittlerweile in mir herangebildet hatten, noch einmal an ihm selbst überprüft hätte. Erst durch das Gespräch mit Philipp Felsch und seiner Theorie des auf die BRD wirkenden Noir angeregt, sah ich mir den Film erneut an und war erstaunt von der Fülle der Hinweise auf eine Gesellschaftsstruktur, die auf einen Neubeginn ohne Bearbeitung des jüngsten geschichtlichen Erbes setzte.

Dass der Film, eine deutsch-schweizer Koproduktion, in der Schweiz spielt, mag der Vorlage von Friedrich Dürrenmatt geschuldet sein, erfüllt aber gleichzeitig die Funktion, bereits den Spielort des Grauens geografisch auszulagern. Zudem ist die Schweiz bereits das, was die BRD zu diesem Zeitpunkt gerade zu werden beginnt: ein nach außen hin neutrales, föderalistisches Staatsgebilde, dessen nicht sichtbare Kantonsgrenzen dennoch deutlich spürbar sind und dazu führen, dass der herumziehende Hausierer, dessen Papiere »nicht in Ordnung sind«, als Erster der Tat verdächtigt wird. Die beiden Hauptdarsteller, nämlich die des Mörders und des Kommissars, stammten aus der Bundesrepublik und waren beide bereits vor deren Gründung als Schauspieler tätig. Heinz Rühmann verkörpert als Kommissar Matthäi in diesem Film die unverbrüchlichen Tugenden von Geradlinigkeit und Treue und ist mit über fünfzig Jahren ein typisches Gesicht der neuen BRD: in neuer Funktion, allerdings von irgendwoher gut bekannt. Er trägt im Film den Namen eines Evangelisten, Matthäi, und hat wie dieser auch eine Botschaft zu überbringen. Es ist eine Mischung aus einer Art Heilslehre der alten Tugenden und einer apokalyptischen Warnung vor dem Grauen einer zu Ende gedachten Moderne.

Da Dürrenmatt das Drehbuch verfasste, ist der Film in zweifacher Hinsicht zu lesen, zum einen als bewusste Darstellung von Verhältnissen der Zeit, zum anderen als gleichzeitige Projektionsfläche für deren Unbewusstes. Dieses Unbewusste bedient sich der Symbolik des Zeitgeschmacks, ohne dass die in dieser Ästhetik Lebenden die selbst produzierte Doppelbödigkeit auf den ersten Blick hätten wahrnehmen oder entschlüsseln können. Der Zweifel an der technokratischen Moderne etwa, die Rühmann in seiner Abschiedsrede von der Dienststelle anklingen lässt, scheint von Dürrenmatt bewusst gesetzt. »Ich möchte aber nicht von Ihnen scheiden«, lässt er Matthäi sagen, »ohne meiner Befürchtung Ausdruck zu geben, dass unsere Welt etwas zu perfekt geworden ist. So perfekt, dass sie uns bald nicht mehr nötig haben wird. Alles ist organisiert, läuft zum besten, und sogar die Verantwortung ist uns abgenommen, liegt sie doch in dem immer dichter gewobenen Netz der Gesetze, Statuten und Paragraphen.« In dieser am Beginn des Films noch etwas willkürlich erscheinenden Invektive gegen die Moderne wird man später den Grund finden, der Kommissar Matthäi veranlasst, eben nicht der Stimme der Vernunft und der Karriere zu folgen und eine bessere Stelle im Ausland anzutreten, sondern stattdessen alles aufzugeben, um einen Kindsmörder zu suchen. Denn allein durch sein Versprechen, die Hingabe an eine Aufgabe und das Verharren an einem Ort wird er unersetzlich und kann so dem Aussonderungsprozess der neuen perfekten Welt widerstehen, der seine Mitarbeiter unter dem Vorwand des Aufstiegs willkürlich in der Weltgeschichte verteilt, aber eben auch dort zurücklässt. So erweist sich Rühmann mit der Kritik an der Moderne und als Vertreter alter und scheinbar überholter Tugenden als besonders geeignet, um die verdrängten Grausamkeiten der Vergangenheit in ihrem Aufscheinen in den Verbrechen der Triebtäter und Kindsmörder der Gegenwart zu bekämpfen, da er das alte Denken selbst noch in sich trägt.

Der Mörder, dargestellt von Gert Fröbe, erscheint als fantastische Märchenfigur, die selbst geknechtet und gedemütigt wird und damit eine Erklärung für die eigene Grausamkeit gleich mitliefert. Dürrenmatt gibt ihm und seiner Frau einen sprechenden Namen mit auf den Weg: Schrott. Es handelt sich also um den Abfall der Gesellschaft, das, was weggeworfen wird und entsorgt werden soll, sich aber nie rückstandslos beseitigen lässt. Bestenfalls vermag man den Schrott in einer Form der Aufhebung zu etwas Neuem zu verarbeiten. Und genau darum ging es in der BRD: Man musste aus dem Schrott des Nationalsozialismus eine neue Republik bauen, wobei sich gewisse Teile als sperrig erwiesen und einer geglückten Integration widerstanden. Die Gründe dafür wurden jedoch nicht im gesellschaftlich Verdrängten gesucht, sondern – ganz im Geiste des nationalsozialistischen Erbes – in einem genetischen Schaden des Individuums. »Etwas geänderter Stoffwechsel, einige degenerierte Zellen, und der Mensch ist ein Tier.« So äußert sich der Psychiater, den Matthäi aufsucht, um sich von ihm in die Psyche des Täters einführen zu lassen. Eine biologistische Erklärung, die uns alle zu potenziellen Tätern macht und uns gleichzeitig Schuldunfähgikeit attestiert. Außer »degenerierten Zellen« scheint jedoch auch eine soziale Komponente in das Krankheitsbild hineinzuspielen, denn der Täter hat, wie es heißt, »gegenüber Frauen Minderwertigkeitskomplexe« und entwickelt ein Hassgefühl, das er an kleinen Mädchen auslebt, weil er sich an Frauen nicht heranwagt. Der Psychiater stellt einige Vermutungen für die dahinter liegenden Ursachen an: »Vielleicht wird der Mann von seiner Frau unterdrückt oder ausgebeutet. Vielleicht ist sie reich und er arm. Vielleicht nimmt sie eine sozial höhere Stellung ein als er. Das Absurdeste ist möglich zwischen Mann und Frau.«

Der Film muss widersprüchlich bleiben, weil er die ungenauen Vorstellungen ihrer Macher reflektiert, die nicht zu wissen scheinen, wie sie die Moderne bewerten und wo in ihr sie das vergangene und das aktuelle Grauen verorten sollen. Der Grund dafür liegt in der systematischen Verdrängung der nationalsozialistischen Vergangenheit, die dazu führt, dass ein Arzt immer noch und ohne mit der Wimper zu zucken den Begriff »degeneriert« benutzt und an einer Gesellschaftsordnung festhält, in der die Stellung von Mann und Frau nicht angetastet wird. Zwischen diesen Polen soll sich Moderne entwickeln, die damit immer das in sich trägt, was sie zu überwinden vorgibt. Es geht dabei nicht um ein Verstehen des Verbrechens und des Verbrechers, sondern um eine fast beschwörende Abwehr von allem, was auch nur entfernt an die eigenen Verbrechen erinnern könnte. Deshalb wird Gert Fröbe in der filmischen Bildsprache über die Epoche des Nationalsozialismus hinweg in die Stummfilmzeit zurückversetzt. Die meisten Szenen, in denen er auftaucht, sind nur spärlich mit Dialogen ausgestattet. Oft herrscht ein bedrohliches Schweigen. Seiner Gestalt fällt der Schatten voraus, die Kommunikation mit seiner tatsächlich älteren und sozial höherstehenden Gattin wird vor allem durch Mimik und Gestik bestritten. Als hätte das den Machern des Films noch nicht gereicht, geben sie ihm ein musikalisches Leitmotiv mit, das jeglichen Zweifel beseitigen soll, da es deutlich aus der Tonsprache der Zwanzigerjahre stammt. Die Vergangenheit des Faschismus ist in einem solchen Maße abgespalten und verdrängt, dass bereits jeder Anfangsverdacht umgelenkt werden muss. Die Mörder sind nicht mehr mitten unter uns, sondern erscheinen als Wiedergänger einer längst vergangenen Epoche, als Atavismen noch früherer Zeiten, die somit für das unmittelbar vergangene Grauen verantwortlich zeichnen und deshalb umgehend im Keim erstickt werden müssen. »Nach meinen Erfahrungen ist es sehr wahrscheinlich, dass dieser Mensch keine kleinen Kinder hat, weil er sonst keine derartigen Verbrechen begehen könnte«, sagt der Psychiater und ignoriert damit genau die Erfahrungen der jüngsten Vergangenheit, in der die meisten der Täter kleine Kinder hatten und dennoch andere kleine Kinder unbarmherzig abschlachten ließen.

Dürrenmatt war mit dem Film, für den er das Drehbuch verfasst hatte, nicht zufrieden und schrieb daraufhin den Roman *Das Versprechen*, der dasselbe Thema mit denselben Personen noch einmal neu zu fassen versucht. In seinem Nachwort zu diesem Roman betont er, dass er die »hervorragende Arbeit des Regisseurs« keinesfalls kritisieren wolle und »die Fabel« einfach nur habe weiterspinnen wollen: »jenseits des Pädagogischen«. Wenn Dürrenmatt diesen Film als »pädagogisch« auffasst, so ist zu fragen, auf was diese Pädagogik zielte, denn eine tatsächliche Aufklärung über die Zusammenhänge von gesellschaftlicher Schuld und Verbrechen findet hier höchstens ganz zu Beginn statt, wenn Matthäi den Hausierer vor einer Lynchjustiz bewahrt. Dass sich der Landstreicher aber nach entsprechenden »Dauerverhören« der offiziellen Justiz in seiner Zelle erhängt, wird abgetan. Dem Kommissar wollen einfach keine rechten Gründe für diese Tat einfallen, auch wenn er nach einer Erklärung zu suchen scheint: »Weil er alt war, keine Kraft mehr zum Leben, einsam, verloren, was weiß ich.« Der Suizid hat nichts mit der falschen Anklage und der gesellschaftlichen Ausgrenzung zu tun, sondern ist allein in der individuellen Verfasstheit zu suchen.

Dürrenmatt gibt seinem Roman *Das Versprechen* den Untertitel *Requiem auf den Kriminalroman*, eine Zuschreibung, die man nur versteht, wenn man den Bezug zum Film kennt, dessen einfach gestricktes Erklärungs- und Aufklärungsmuster er damit zu Grabe tragen will. Dennoch liest sich der Roman am besten, wenn man den Film bereits gesehen hat, da er als eine Art Fortsetzung die Geschichten der einzelnen Personen weiterschreibt. Der entscheidende Unterschied zwischen der Film- und der Romanfassung besteht im fehlenden Happy End des Romans. Bevor der Kommissar den Kindermörder im Roman fassen kann, verunglückt dieser tödlich mit seinem Auto. Matthäi wird daraufhin wahnsinnig und sitzt tagaus tagein vor seiner Tankstelle, während das von ihm als Lockvogel ins Haus genommene Mädchen zusammen mit seiner Mutter in einem Hinterzimmer eine Art Bar betreibt. Indem auch ihr Leben gescheitert ist, wird das Versprechen des Kommissars doppelt sinnlos, denn er verfehlte nicht nur die Lösung des Falls, sondern opferte seinerseits eine menschliche Existenz. Das alles arbeitet Dürrenmatt im Roman präzise heraus, während es der Film beschönigt und verzerrt. Als die Mutter des Mädchens etwa erfährt, dass Matthäi sie und ihre Tochter nur aufgenommen hatte, weil er einen Lockvogel für den Sexualtäter brauchte, sagt sie im Roman: »Sie sind ein Schwein.« Im Film schlägt sie die Augen nieder und flüstert: »Wissen Sie, dass dieses Kind Sie liebt?«

Erst nach vielen Jahren und auf dem Sterbebett, gesteht Frau Schrott im Roman, dass ihr verunglückter Mann der gesuchte Sexualtäter war. Dieses Geständnis kommt jedoch zu spät und nützt keinem der Beteiligten mehr. Viele NS-Täter haben noch nicht einmal auf dem Sterbebett ihre Schuld bekannt und auch in verspätet anberaumten Prozessen geschwiegen. »Verrenn dich in diese Idee nicht«, hatte der Psychiater im Film Matthäi gewarnt, »dass sie nicht zur Besessenheit wird. Sonst kommst du eines Tages wieder zu mir, diesmal als Patient. Vielleicht existiert der Riese nur in der Fantasie des kleinen Mädchens.« Damit spielt er auf die Ängste an, die man in der BRD in Bezug auf die Vergangenheitsbewältigung entwickelte: Man verrennt sich, verzweifelt und verliert schließlich den Verstand. Gleichzeitig bietet der Psychiater eine Lösung an, die bereits Freud anwandte, als er mit den vielen Erzählungen über familiären Missbrauch seiner Patientinnen konfrontiert wurde: Er interpretierte sie als Produkte der Fantasie.

In einer kurzen Sequenz des Films hat sich fast wie nebenbei ein kleiner Teil des Verdrängten seinen Weg gebahnt. Als Matthäi den Psychiater im Sanatorium aufsucht, hält ihn die Schwester an der Pforte für einen Patienten und fragt: »Wo haben Sie ihr Gepäck?« Der Kommissar, der kurz vor Übernahme des Falls auf dem Weg war, seine neue Stelle im Ausland anzutreten, antwortet: »In Jordanien.« »In Jordanien, ich verstehe. Ich werde Sie beim Doktor anmelden.« Die Schwester ist nun sicher, dass es sich um einen Patienten handelt und benimmt sich Matthäi gegenüber entsprechend. Jordanien also, das sich über die gesamte Geschichte der BRD hinweg im Kriegszustand mit Israel befand. Wollte Rühmann dorthin – so könnte man spekulierend fragen –, um eine Versöhnung zu erreichen oder dafür zu sorgen, dass nichts über die Grenzen Israels zurück in die BRD dringt?

Der Stoff des Films wurde später erneut von Sean Penn aufgegriffen und gelangte sozusagen als Re-Import des Noir zurück in die USA, wo er zu einem Requiem des amerikanischen Thrillers umgedeutet wurde. *The Pledge*, in dem Jack Nicholson als Kommissar Black an der Auflösung des Kriminalfalls scheitert, erscheint in dem für die amerikanische

Geschichte einschneidenden Jahr 2001. Nicht nur, dass bereits in seinem Namen das Noir anklingt, in der amerikanischen Interpretation des Stoffs werden die Elemente des Noir geschickt umgekehrt. Längst gibt es kein Idyll mehr, in das der Schrecken in Form einer grausamen Tat einbrechen könnte. Vielmehr entwickelt sich aus dem Verbrechen die Prämisse für ein Idyll, denn Nicholson baut eine tatsächliche Beziehung zu Mutter und Tochter auf, die er anfänglich nur als Lockvögel bei sich aufnimmt. So entwickelt sich für einen Moment eine Form des Glücks, die jedoch fast zwangsweise und genau in dem Moment, als Black den Fall für einen Moment vergisst und zum Angeln geht, ihren Ursprung offenbart: Der Täter erscheint. Da das Glück auf dem Verbrechen gründet, muss es ähnlich wie im antiken Drama seinen eigenen Ursprung verleugnen oder sich im Moment der Erkenntnis auflösen und zugrunde gehen.

In den Sechzigerjahren wandelte sich der Umgang mit dem Verbrechen in der BRD. Da das Verdrängte immer stärker nach oben drängte und nachwachsende Generationen eine Aufarbeitung der Vergangenheit einzufordern begannen, konnte das Verbrechen nicht länger als singuläre Erscheinung ausgegrenzt werden, stattdessen integrierte man es als eine um Aufklärung bemühte Serie im Fernsehen. *Aktenzeichen XY … ungelöst* war der Titel der Sendung, die das Verbrechen in regelmäßigen Abständen thematisierte, dessen politischen Gehalt kanalisierte und gleichzeitig das Rätsel der Vergangenheit als immer noch *ungelöst* und damit die Gesellschaft selbst als *unerlöst* beschrieb. Der Macher und Moderator der Sendung, Eduard Zimmermann, erinnerte nicht nur mit seinem Spitznamen Ede an die Welt einer längst vergangene Epoche, in der die Begriffe Ganove und Ehre noch zusammengehörten, sondern war selbst im Nachkriegsdeutschland als Dieb tätig. Zu einem Zeitpunkt, da man begann, Täter des Nationalsozialismus zu suchen und anzuklagen, bot er die Blaupause einer gelungenen Resozialisierung, mit der sich der Begriff der Täterschaft erneut relativieren ließ. Die ersten Folgen seiner Serie wurden in den Aufnahmestudios »Unter den Eichen« in Wiesbaden gedreht, genau an der Stelle, wo sich ein Befehlsbunker der SS befand und noch im letzten Kriegsjahr ein KZ errichtet worden war.

»Jede Geschichte, die es ernst mit sich und ihren Gegenständen meine, müsse von vornherein eine Schreckensgeschichte sein. [...] Eine Horror-Geschichte dürfe nichts mit dem schwarzen Humor zu tun haben, der, wenn man die finsteren Zustände betrachte, unleidlich kokett sei, sie müsse sich vielmehr offen und durchschaubar machen für diese finsteren Zustände.« Diese Sätze schreibt Peter Handke 1969 in dem Vorwort zu der von ihm herausgegebenen Anthologie *Der gewöhnliche Schrecken*. Die Erzählung, die Handke selbst beisteuert, heißt dann auch: »Das Umfallen der Kegel von einer bäuerlichen Kegelbahn«. Und Elfriede Jelinek gibt ihrem Beitrag den Titel: »Der fremde! störenfried der ruhe eines sommerabends der ruhe eines friedhofs«. Bereits hier wird der Schrecken historisch neu gefasst und der Widerschein des Verdrängten im Noir suspendiert und in den Alltag verlegt, der bislang als unberührter Rückzugsort vor dem Grauen gepflegt wurde.

Der Psychiater in dem Film der Fünfziger kann sich seltsamerweise die Kasperlepuppe am allerwenigsten erklären, die das ermordete Mädchen eine Woche vor ihrem Tod zeichnete. »Der Kasperle kommt mir besonders absurd vor«, sagt er, meint aber damit gerade nicht den Umstand, dass sich Gewalt in Form eines kindlichen Spielzeugs verkörpern könnte. Die Bereiche müssen getrennt bleiben, dort das Grauen, der Schrott, da die heile und unberührte Welt der Kindheit. Matthäi sagt an einer Stelle zu dem Mädchen, das er als Lockvogel benutzt und dem Triebtäter ungeschützt aussetzt: »An Märchen muss man immer glauben, besonders wenn man so jung ist wie du.« Das Mädchen glaubte das Märchen des Kommissars, und es glaubte das Märchen des Triebtäters, der mit einer Kasperlepuppe sein Vertrauen gewann. Als er überwältigt ist und das Kind vertrauensvoll in den Wald gelaufen kommt, um nach ihm zu schauen, übernimmt der Kommissar die Rolle des Mörders, greift sich dessen Puppe und stülpt sie sich über die Hand, um damit das Mädchen von dem am Boden liegenden Täter abzulenken. Da er sich beim Kampf mit dem Triebtäter an der Hand verletzt hat, rinnt Blut aus der Kasperlefigur seinen Arm hinunter. Die Märchenfiguren offenbaren sich als Attrappen, diejenigen, die sie führen, verdecken mit ihnen nur noch unzureichend die geschlagenen Wunden.

So verwandelte sich das aus den USA importierte Noir in der BRD mithilfe des Märchens in die damals noch für Fotoabzüge bevorzugte Farbe Chamois, so als sollte im Bild durch eine künstlich erzeugte Patina vor allem die Vergangenheit betont und die Wiedergabe der Realität gleichzeitig gemildert werden. Getönt und mit gezacktem Rahmen, wie von einem Spitzenbezug umhäkelt, wurde das Festgehaltene ins Album eingeklebt und war kaum geschehen, schon wieder vergangen.

## Dank

Dank an Maike Albath, die uns miteinander bekannt gemacht hat, an Philipp Albers für seine Expertise, an Jutta Müller-Tamm für ihren Hinweis zu Dürrenmatt und an Dirk Knipphals, der uns erklärt hat, was uns an BRD Noir so fasziniert.

## Literatur

Hannah Arendt, *Zur Zeit. Politische Essays*, Hamburg 1999

Perry Anderson, *Über den westlichen Marxismus*, Frankfurt a. M. 1978

Gottfried Benn, *Briefe an F. W. Oelze, 1932–1945*, Wiesbaden 1977

Ernst Bloch, *Erbschaft dieser Zeit*, Frankfurt a. M. 1985

Karl Heinz Bohrer, »Die Ästhetik des Staates«, in: *Merkur*, Nr. 423 (1984), S. 1–15

Dietmar Dath, *Die salzweißen Augen. Vierzehn Briefe über Drastik und Deutlichkeit*, Frankfurt a. M. 2005

Mike Davis, *City of Quartz. Ausgrabungen der Zukunft in Los Angeles*, Berlin/Göttingen 1994

Jörg Fauser, *Das Schlangenmaul*, Berlin 2006

Rainald Goetz, *Hirn*, Frankfurt a. M. 1986

Hans Ulrich Gumbrecht, *Nach 1945. Latenz als Ursprung der Gegenwart*, Frankfurt a. M. 2012

Jürgen Habermas, *Die neue Unübersichtlichkeit*, Frankfurt a. M. 1985

Florian Illies, *Generation Golf. Eine Inspektion*, Berlin 2000

Friedrich Kittler, »Wir haben nur uns selber, um daraus zu schöpfen!«, Interview, in: *Die Welt*, 30.11.2001

Friedrich Kittler u. a., *Vom Krieg zum Terrorismus? Humboldt-Universität zu Berlin, Mosse-Lectures 2002/2003*, Berlin 2003

Helmut Lethen, Suche nach dem Handorakel. Ein Bericht, Göttingen 2012

Hermann Lübbe, *Vom Parteigenossen zum Bundesbürger. Über beschwiegene und historisierte Vergangenheiten*, München 2007

Jean-François Lyotard, *Apathie in der Theorie*, Berlin 1979

Odo Marquard, *Schwierigkeiten mit der Geschichtsphilosophie*, Frankfurt a. M. 1982

Martin Mittelmeier, *Adorno in Neapel. Wie sich ein Sehnsuchtslandschaft in Philosophie verwandelt*, München 2013

Reinhard Mohr, *Zaungäste. Die Generation, die nach der Revolte kam*, Frankfurt a. M. 1992

Paul Moor, *Das Selbstporträt des Jürgen Bartsch*, Frankfurt a. M. 1972

Jon Ronson, *The Psychopath Test*, London 2012

Carl Schmitt, *Politische Theologie. Vier Kapitel zur Lehre von der Souveränität*, Berlin 1922

Heinz Strunk, *Der goldene Handschuh*, Reinbek 2016

Eduard Zimmermann, *... der Ganoven Wunderland. Nepper, Schlepper, Bauernfänger. Erfahrungen und Erkenntnisse aus der Fernsehserie »Vorsicht, Falle!«*, Darmstadt 1966

Erste Auflage Berlin 2016

MSB Matthes & Seitz Berlin Verlagsgesellschaft mbH
Göhrener Str. 7 | 10437 Berlin
info@matthes-seitz-berlin.de

Satz: psb, Berlin
Druck und Bindung: Art Druk, Szczecin
Umschlaggestaltung nach einer Idee von Pierre Faucheux
ISBN 978-3-95757-276-9

www.matthes-seitz-berlin.de